AF380814

RETRACEMENTS ET EXTENSIONS DE FIBONACCI

Les mystères du nombre d'or

©2025. EDICO
Édition : JDH Éditions
7 rue Aristide Maillol 77600 Bussy-Saint-Georges
contact@jdheditions.fr
Imprimé par Libri Plureos GmbH, Friedensallee 273, 22763 Hambourg, Allemagne

Réalisation et conception couverture : Cynthia Skorupa

ISBN : 978-2-38127-374-7
Dépôt légal : février 2025

Daniel Cohen de Lara

RETRACEMENTS ET EXTENSIONS DE FIBONACCI

Les mystères du nombre d'or

JDH Éditions

Les Essentiels de l'AFATE

REMERCIEMENTS

Je pense à mes (très) proches sans qui il est impossible de créer un équilibre de vie :

Michèle,

Mon père et le souvenir de ma mère

Laurent, Stephen, Frédéric

Helena, Tatiana, Florence, Zoubir, Nina, Valentin, Lina, Paul et Adrien

Ma famille.

INTRODUCTION

Lorsque le mathématicien pisan Leonardo Fibonacci résolut sa célèbre suite, imaginait-il qu'il allait mettre à jour un des grands mystères de notre planète ?

Certainement pas, d'autant plus que la « divine proportion » qu'il avait mise à jour avait déjà servi à des accomplissements du génie humain.

Certainement pas car, très longtemps après lui, cette divine proportion s'est avérée être présente dans le génome humain.

Ce mystère de la forte présence du « nombre d'or » dans les œuvres de la nature et de l'homme trouve même son prolongement dans les mouvements financiers et boursiers.

Cela signifie que ce fameux nombre est présent dans la psychologie humaine et dans les mouvements des foules.

Il y a un grand mystère qui a ouvert à des développements philosophiques et ésotériques.

Notre ambition, dans un livre de la collection « Les Essentiels de l'A-FATE », est évidemment beaucoup plus modeste.

Notre seul objectif sera de montrer les conséquences de ce phénomène dans les mouvements boursiers, et ils sont nombreux.

Le comportement des « grosses mains » a déjà été présenté dans un précédent livre du même auteur : *Les chandeliers japonais* dans la même collection. Il s'apprécie à travers le combat permanent entre les deux camps, acheteur et vendeur. Ces mouvements vont également interférer avec les nombres de Fibonacci qui sont des dérivés du « nombre d'or ».

Leur utilisation va régir de nombreux comportements boursiers.

C'est ce que nous allons étudier au fil de ces pages.

Le fait que nombre de retracements d'impulsions s'arrêtent sur les proportions 38,2 ou 61,8 % du mouvement principal impressionne toujours autant l'auteur de ces lignes. Cela ne peut être un hasard ; il y a certainement un des grands mystères de la nature et du genre humain à élucider.

Bornons-nous à analyser les conséquences de ces comportements afin d'améliorer notre pratique de l'Analyse Technique.

CHAPITRE 1

LES RETRACEMENTS ET EXTENSIONS DE FIBONACCI

1 – Qui fut le mathématicien Leonardo Fibonacci ?

Il est né dans les années 1170 à Pise. Son père est marchand et notaire des douanes pour l'ordre des marchands de la République de Pise. Son adolescence se déroule en Algérie où il parfait son éducation en mathématiques avec l'étude des travaux des mathématiciens arabes réputés. Revenu à Pise entre 1198 et 1228, il réunit ses connaissances mathématiques dans plusieurs ouvrages. Leonardo Fibonacci meurt à Pise en 1250.

Le plus célèbre de ses ouvrages est *Liber Abaci* (« Le livre des calculs »), mais il est passé à la postérité grâce à la suite qui porte son nom et à sa résolution.

Pouvait-il imaginer l'importance de cette suite, de sa résolution et les conséquences qu'elle allait avoir dans beaucoup de développements du génie humain… jusqu'à son utilisation très importante en Bourse ?

2 – Suite de Fibonacci et sa résolution : le « nombre d'or »

La suite de Fibonacci est définie par :

$$\mathbf{Fn = Fn\text{-}1 + Fn\text{-}2}$$

Chaque élément de la suite est la somme des deux précédents.

Les premiers termes sont :

F0 = 0

F1 = 1

Les éléments suivants sont :

F2 = 1 ; F3 = 2 ; F4 = 3 ; F4 =5, puis 8, 13, 21, 34, 55, 89, 144…

Fibonacci a recherché la limite à l'infini du rapport Fn/Fn-1

Soit μ la limite de Fn/Fn-1

On a le système d'équations :

Fn = Fn-1 + Fn-2

Fn/Fn-1 = μ

Fn-1/Fn-2 = μ

On a alors : Fn-1 = Fn/μ et Fn-2 = Fn-1/μ = Fn/μ^2

Fn = Fn/μ + Fn/μ^2

En divisant par Fn, on obtient :

$1/\mu^2$ + $1/\mu$ = 1 ou

μ^2 - μ - 1 = 0 équation du 2e degré à 1 inconnue qui a 2 solutions :

(1 +R5) /2 et (1-R5) /2

R5 = racine carrée de 5

(1+R5) /2 = 1,618 = NOMBRE D'OR

Ainsi, si Fn = 1, on a :

Fn-1 = 1/1 618 = 0,618

Fn-2 = Fn-1/1,618 = 0,618/1,618 = 0,382

Et Fn-3 = Fn-2/1,618 = 0,382/1,618 = 0,236

Dans le sens opposé, on a :

Fn+1 = 1,618

Fn+2 = 1,618*1,618 = 2,618

Fn+3 = 2,618*1,618 = 4,236

On retrouve bien : Fn+3 = 4,236 = Fn+1 + Fn+2 = 1,618 +2,618

Ont été rajoutés – en pratique – à ces éléments les niveaux suivants :

0,786 = racine carrée de 0,618

0,50 qui n'est pas issu du calcul mais qui est un niveau que l'on retrouvera régulièrement dans le cadre boursier, comme on le verra infra.

1,272 = racine carrée de 1,618

On a ainsi défini une suite de nombres spéciaux, issus du traitement de la suite de Fibonacci, qui sont :

0,236, 0,382, 0,50, 0,618, 1, 1,272 et 1,618

Les nombres 0,236, 0,382, 0,50 et 0,618 vont correspondre aux retracements de Fibonacci, dans une situation de consolidation de mouvement impulsif.

Les nombres 0,618, 0,786, 1, 1,272 et 1,618 vont correspondre aux objectifs de reprise de la tendance après consolidation. Ce sont les extensions de Fibonacci.

Il existe aussi, notamment, concernant les extensions, d'autres nombres, comme 1,414, 2,618… issus d'une composition des niveaux principaux. Cependant, ceux-ci apparaissent très rarement dans le cas d'un mouvement boursier.

Ces principaux nombres de Fibonacci et – surtout – le « nombre d'or » vont être à l'origine – extraordinaire – d'éléments fondamentaux de la nature et des créations humaines.

On peut citer, en particulier :

Architecture : pyramide de Khéops (proportion base/hauteur), pyramide du Louvre, Grande Arche de la Défense, Parthénon, Temple de Salomon, nombreux temples antiques, Cathédrales (Chartres, Notre-Dame…) et églises.

Peinture : proportion largeur/hauteur des tableaux.

Nature : spirale dorée de Fibonacci, enroulement de cyclones, graines de tournesol, longueur/largeur de la molécule d'ADN.

Esthétique humaine : différentes proportions du corps humain : hauteur/distance sol-nombril, largeur de la bouche/largeur du nez, représentées notamment par « l'homme de Vitruve » de Léonard de Vinci.

Contrairement au nombre Pi qui est un nombre transcendant (il n'est solution d'aucune équation polynomiale), le nombre d'or fait partie des nombres constructibles comme en témoigne le fait qu'il soit solution de l'équation du second degré. On retrouve ce phénomène à travers la « spirale d'or » qui est utilisée, notamment par des peintres, pour répartir de façon harmonieuse les différents éléments des œuvres.

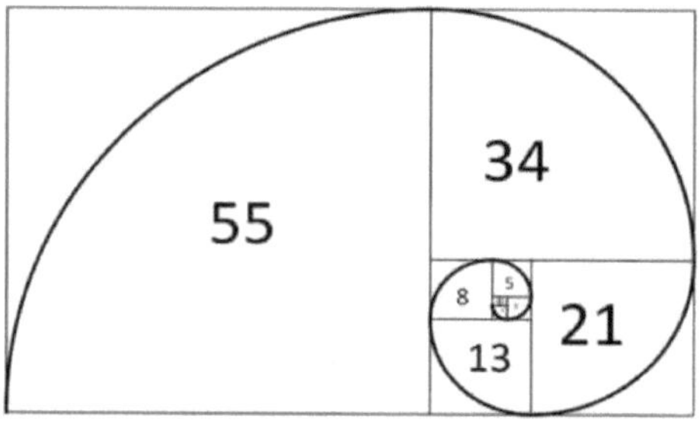

On retrouve cette construction dans la célèbre *Mona Lisa* de Léonard de Vinci :

Le nombre d'or, « la divine proportion » correspond, pour des raisons inexpliquées, à deux phénomènes de la nature et du sentiment humain qui sont :

HARMONIE ET BEAUTÉ

On retrouve dans les photos ci-dessus quelques illustrations avec le Parthénon à Athènes, la Grande Arche de la Défense, Notre-Dame de Paris et la pyramide de Gizeh près du Caire.

On a ici le rapport entre hauteur et largeur qui correspondent au « nombre d'or ».

Une mystique et un ésotérisme se sont développés depuis longtemps autour de cette divine proportion qui mêle mathématiques, nature et arts.

La notion de « divine proportion » a été évoquée bien après Fibonacci. C'est vers la fin du XVe siècle qu'elle a été employée pour la première fois par le moine italien mathématicien Fra Luca Pacioli.

Il faudra même attendre la fin du XIXe siècle pour que soit ouvertement évoquée la relation entre le nombre d'or et la notion de beauté et d'harmonie sous la plume du philosophe Adolf Zeising.

Il faudra encore attendre 1931 et l'ouvrage du Roumain Matyla Ghyka pour que la dénomination « nombre d'or » apparaisse.

C'est enfin l'ensemble de cette théorie qui inspira Ralph Nelson Elliott pour aborder l'influence des travaux de Fibonacci sur les marchés financiers et qui le conduisit à développer sa théorie des « vagues d'Elliott ».

3 – Application à la finance

On pourrait vraiment se demander comment la « divine proportion » peut influencer la finance et en particulier les mouvements boursiers.

Considérons le graphique ci-dessous :

Entre le 13 avril et le 16 mai, un mouvement baissier se développe. Une consolidation de ce mouvement va alors se mettre en place. Elle va évoluer jusqu'au niveau de retracement 38,2 % le 6 juin. Après quelques jours d'indécision, la tendance baissière repart jusqu'au 3 juillet, séance à partir de laquelle une nouvelle consolidation va ramener les cours, à nouveau, vers le niveau 38,2 % de Fibonacci dans les jours qui suivent.

Ce schéma très rythmé nous ramène au sentiment d'harmonie du mouvement qui est – en plus – agréable à l'œil.

On retrouve également un mode de comportement du marché boursier qui – très souvent – lors de consolidations va aller chercher des niveaux qui correspondent aux proportions de Fibonacci du mouvement initial.

On retrouve dans les configurations suivantes les principales situations de retracements de mouvement tendanciel sur les niveaux, successivement de 50 % et 61,8 %.

Tous les mouvements de retracements ne viennent pas sur – ou proches – des niveaux de Fibonacci, mais lorsque cela se produit, cela signifie qu'il y a un rythme, une harmonie dans le mouvement des prix de l'actif.

On retrouve donc ce phénomène un peu magique d'un mouvement collectif des intervenants sur le marché qui arrête les prix sur ces niveaux très particuliers au cours d'une consolidation.

Ce phénomène se retrouve également dans les extensions de mouvements sur les niveaux de Fibonacci comme ci-après.

Dans ce premier exemple, le mouvement a retracé sur le niveau 38,2 % de Fibonacci. Sur ce niveau, les vendeurs reprennent la main et le mouvement baissier peut reprendre. Il conduira les cours jusqu'à l'extension 0,786 de Fibonacci du mouvement initial entre le 4 mai et le 21 juin. La définition, l'illustration et l'utilisation des extensions de Fibonacci seront développées infra au paragraphe 4 – 3 – 1.

Dans cette autre situation, le mouvement baissier entre le 10 février et le 8 mars a retracé sur le niveau 50 % de Fibonacci. Sur cette zone, les vendeurs ont repris le contrôle de l'actif ; le mouvement baissier reprend et trouve un objectif sur l'extension 0,786 de Fibonacci.

On retrouve dans ces quelques exemples que le « phénomène Fibonacci » s'applique aussi à une discipline comme la Bourse. Le comportement humain qui sensibilise aux proportions issues du « nombre d'or » est également présent dans celui des intervenants en Bourse.

Il donne une certaine fiabilité aux retracements et extensions de mouvement quand ils s'arrêtent à proximité des niveaux de Fibonacci.

4 – Utilisation des retracements et extensions de Fibonacci

4 – 1 Les niveaux généralement utilisés sont :

– Pour les retracements : 0,382 (ou 38,2 %), 0,5 (ou 50 %) et 0,618 (ou 61,8 %). Le niveau de 0,786 est peu utilisé pour les raisons qui seront développées infra. On ne négligera pas pour autant le niveau 0,236 (ou 23,6 %) qui ne se produit que dans des cas moins fréquents.

– Pour les extensions : 0,618, 0,786 et 1. L'auteur n'aime pas utiliser des extensions supérieures à 1 (sauf dans quelques situations qui seront présentées par la suite). Les plus usitées sont 1,272 et 1,618. En effet, il est difficile d'envisager des mouvements d'extension qui sont supérieurs au mouvement initial. On verra que leur utilisation dans ces conditions manque de fiabilité.

Comme on l'a vu déjà ci-dessus, ils sont utilisés lors des consolidations de tendance et la reprise de cette dernière, la consolidation terminée.

Les phases impulsives de mouvements boursiers sont suivies de phases de consolidation. Ces dernières correspondent :

– Au fait qu'au niveau de prix atteint, il n'y a plus assez d'acheteurs en tendance haussière et plus assez de vendeurs en tendance baissière. Lorsque la grande majorité des investisseurs ont acquis une position qu'ils considèrent comme optimale au niveau de prix atteint (du fait de leur money management, de l'équilibre de leur portefeuille, de la notion de risque…), il ne va plus rester que quelques acheteurs secondaires qui vont rentrer tardivement, donc de manière peu optimisée car, généralement, leur stop de protection se trouve éloigné.

– A contrario, les grands investisseurs, les « grosses mains », voyant la forte réduction de la demande, vont commencer à alléger leur position en vendant. Le volume d'ordres vendeur va dépasser le volume acheteur au niveau de prix atteint et les cours vont commencer à baisser. Ce mouvement va enclencher d'autres mouvements baissiers en provenance :

a) des investisseurs en position qui veulent sauvegarder leur bénéfice et commencent à vendre

b) d'investisseurs qui initient des positions de vente à découvert pour profiter du mouvement naissant.

– La consolidation (tendance haussière) va se poursuivre jusqu'à ce que le niveau de prix atteint soit considéré comme intéressant pour reprendre position. Un mouvement acheteur va se dessiner qui va pousser au rachat de position des vendeurs à découvert qui vont ainsi alimenter le nouveau courant acheteur. La consolidation se termine ainsi et le mouvement haussier initial peut reprendre.

4 – 2 Utilisation des retracements de Fibonacci

<u>4 – 2 – 1 Retracement 38,2 %</u>

Reprenons la configuration présentée précédemment :

Un mouvement haussier s'est achevé le 4 mai par une figure classique de retournement qui s'apparente à une « étoile du soir ». Les vendeurs prennent le contrôle de l'actif et la baisse des cours peut commencer. Elle s'achèvera le 21 juin par une autre figure classique de chandeliers qui est une « étoile du matin » : la dernière bougie noire du 20 juin est venue (comme souvent) sur un support à 15,62. Le 21 juin est une séance d'hésitation qui se traduit par une bougie à petit corps et mèches importantes (par rapport à la taille du corps). Le lendemain, une bougie blanche dynamique (long corps avec peu de mèches) marque le retour en force du camp acheteur. La consolidation peut alors commencer. Le mouvement va se développer jusqu'au retracement 38,2 % de Fibonacci. Le conflit entre les camps acheteur et vendeur va être intense pendant plusieurs séances avant que les vendeurs ne reprennent le contrôle et que les cours ne reprennent la tendance baissière initiale.

4 – 2 – 2 Retracement 50 %

Il est illustré par la configuration suivante :

Une dynamique haussière se développe à partir du 13 octobre. Elle est matérialisée par une bougie blanche à long corps et petites mèches : c'est une « englobante » car le corps englobe les corps des deux bougies précédentes. C'est une figure de retournement puissante du mouvement baissier précédent. Après une hésitation de quelques séances, les acheteurs prennent résolument le contrôle qui va amener les cours jusqu'au sommet du mouvement le 13 décembre. La consolidation démarre alors par trois bougies noires consécutives et l'ouverture d'un gap baissier après la seconde. Les cours vont aller tester le retracement 50 % de Fibonacci, niveau sur lequel les acheteurs reprennent la main en dessinant une figure classique de retournement haussier qui est une « étoile du matin » qui va ramener les cours un peu au-dessus du niveau où avait démarré la consolidation.

<u>4 – 2 – 3 Retracement 61,8 %</u>

Il est illustré dans le graphique ci-après :

Un mouvement baissier prend naissance le 30 mars par une bougie noire puissante (long corps, petites mèches) confirmé le lendemain par l'ouverture d'un gap baissier et une nouvelle bougie noire importante. Le mouvement semble se terminer le 27 avril avec un « marteau inversé » suivi d'une première consolidation qui s'achève le 4 mai avec une bougie qui a la forme d'un « pendu » et qui ramène les cours vers le support touché le 27 avril. Le 13 mai, la consolidation reprend à la faveur du « marteau » dessiné la veille et la bougie de retournement à corps blanc important. Elle va se terminer définitivement le 6 juin sur le retracement 61,8 % de Fibonacci du mouvement baissier entre le 30 mars et le 27 avril. Ce retournement est matérialisé par une autre figure classique de retournement qui est un « sommet en pince ». Le mouvement baissier va alors reprendre.

Lorsque la consolidation dépasse le niveau de retracement 61,8 %, l'expérience montre que les prix reviennent généralement à l'origine du mouvement – ou même au-delà, comme dans la configuration suivante :

C'est pour cela que l'auteur n'utilise pas le niveau de 78,6 %. Le franchissement de 61,8 % indique un retournement de tendance et non plus un simple retracement.

4 – 2 – 4 Le cas particulier du retracement 23,6 %

Comme indiqué précédemment, ce retracement est moins fréquent. Il est en fait à la limite entre une simple respiration et un véritable retracement, comme illustré ci-après :

Le mouvement haussier amorcé le 12 décembre est très dynamique jusqu'au 22 mars où débute un retournement matérialisé par une figure « étoile du soir ».

La consolidation est de faible ampleur, et sur le retracement 23,6 % de Fibonacci, les cours dessinent une figure de retournement haussier qui est un « creux en pince ». Le retournement va se manifester également par l'ouverture d'un important gap haussier le 16 mai qui propulse les cours bien au-dessus des niveaux précédents.

On note qu'après avoir réalisé un plus haut dans la dynamique haussière le 22 mars, les cours vont rester dans un range compris entre ce plus haut à 61,32 et le retracement 23,6 % à 58,54 avant de sortir de manière très dynamique. Ce range est soit :

– une structure de distribution, durant laquelle les « grosses mains » sortent le plus discrètement possible de position sans entraîner de décalage significatif des cours.
– une structure d'accumulation, durant laquelle ces mêmes « grosses mains » augmentent discrètement leur position, anticipant que le mouvement ira plus haut. Ce n'est que la sortie de cette figure classique qui donne le sens du mouvement futur. En la circonstance, la sortie haussière de la zone de range montre la vo-

lonté du camp acheteur et la même dynamique qui avait prévalu durant le rally entre les 22 mars et 16 mai.

<u>4 – 2 – 5 Range et retracements de Fibonacci</u>

Il est classique qu'à la suite d'un mouvement tendanciel, une consolidation à plat (range) se mette en place. On retrouvera souvent un rapport entre le mouvement initial et la hauteur du range correspondant à un des niveaux de retracement de Fibonacci.

Considérons l'exemple suivant :

Un mouvement haussier débute le 17 mars à la suite du rebond sur le support à 16 573. Il se développe jusqu'à la résistance à 30 726, puis consolide sur le retracement 38,2 % à 25 233. Ce test du retracement 38,2 % n'est pas immédiat. Les cours entrent dans un range qui va durer plus de deux ans. Pendant cette longue période, les prix vont d'abord retester le niveau de 30 726, le 13 septembre 2021, puis le retracement 38,2 % (ou des niveaux très proches) entre le 7 mars 2022 et le 16 janvier 2023.

La sortie haussière du range se produira le 22 mai et les prix vont aller tester la résistance à 33 773. Une nouvelle consolidation va démarrer sur ce niveau. Elle trouvera support sur le retracement 38,2 % du mouvement haussier entre 25 233 et 33 373. La bougie blanche à long corps et petite mèche haute permet à l'actif de sortir par le haut de ce second range et confirme la prédominance du camp acheteur.

4 – 2 – 6 Conclusion sur les retracements de Fibonacci

On retrouve sur les exemples ci-dessus la qualité de l'arrêt de la consolidation sur les quatre niveaux de retracement de Fibonacci. On notera que le rebond sur chacun de ces niveaux n'est pas immédiat, le marché ressentant le besoin de confirmer la reprise du mouvement initial.

Il ne faut pas considérer les niveaux de retracement de Fibonacci de manière trop « mathématique ». En effet, sous l'influence des équilibres du carnet d'ordre, les niveaux doivent être considérés avec ouverture. Il suffit de comprendre que les consolidations se sont arrêtées dans une « zone » autour des niveaux de retracement de Fibonacci. Ce phéno-mène est illustré par la configuration suivante :

L'impulsion haussière est donnée à partir du support trouvé le 1er février sur 38,13. La bougie haussière, deux séances plus tard, montre la prise de contrôle par les acheteurs qui amènent les cours jusqu'à 54,75, niveau sur lequel se forme une figure de retournement qui ramène les cours autour du retracement 38,2 % de Fibonacci. Les cours vont évoluer autour de ce niveau de 48,40 avant de repartir vers le haut. L'important est de constater que le niveau de fin de consolidation est proche des niveaux de Fibonacci pour interpréter la volonté des intervenants sur le marché de l'actif.

4 – 3 Utilisation des extensions de Fibonacci

<u>4 – 3 – 1</u> : Les extensions de Fibonacci correspondent à la projection des niveaux de retracement de Fibonacci à partir du niveau de fin de la consolidation, comme illustré dans le schéma suivant :

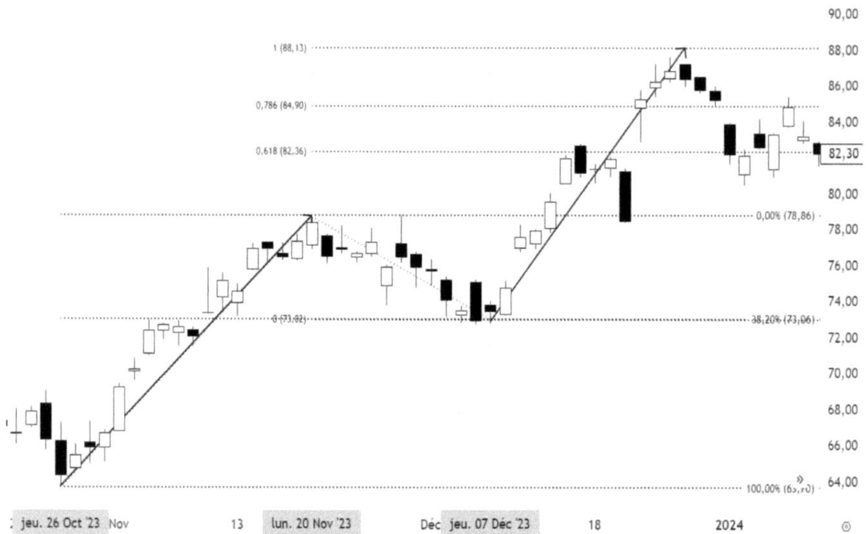

Le mouvement impulsif haussier démarre le 26 octobre sur 63,70 et s'achève le 20 novembre sur 78,86. La consolidation de ce rally va trouver support sur le retracement 38,2 % de Fibonacci à 73,06. La bougie du 8 décembre annonce la reprise du mouvement haussier. Le gap haussier du lendemain confirme la dynamique du mouvement. Comme pour les consolidations qui avaient tendance à s'arrêter sur un des retracements classiques de Fibonacci, la relance du mouvement haussier aura tendance à aller chercher une des extensions de Fibonacci, notamment :

– Extension 0,618 à 82,36 : elle correspond au report à partir du bas de la consolidation (sur 73,06) de 0,618 fois la valeur du mouvement haussier entre le 26 octobre et le 20 novembre, soit (78,86 – 63,70) *0,618 +73,06 = 82,36.

– Extension 0,786 à 84,90 : elle correspond au report à partir du bas de la consolidation de 0,786 fois la valeur du mouvement haussier entre le 26 octobre et le 20 novembre, soit (78,86 – 63,70) *0,786 +73,06 = 84,90

– Extension 1 à 88,13 : elle correspond au report à partir du bas de la consolidation de l'ensemble du mouvement impulsif du 26 octobre au 20 novembre, soit (78,86 – 63,70) *1 +73,06 = 88,13.

On peut poursuivre le schéma d'extension au-delà du report du mouvement primaire et on obtient des proportions de report de l'impulsion initiale avec des coefficients multiplicateurs à 1,272 puis 1,618 et 2,618 comme sur le graphique ci-dessous.

On comprend, en pratique, que le report complet d'un mouvement impulsif puisse être cohérent (comme l'est le report de la hauteur d'un range en cas de sortie), mais au-delà de l'extension 1, les niveaux supérieurs sont beaucoup plus aléatoires, les niveaux atteints sont alors très élevés par rapport à ceux dans lesquels évoluent en ce moment les cours. On verra que ces extensions élevées peuvent être envisagées lorsque l'on recherche de nouveaux plus hauts ou plus bas historiques ou dans le cas de mouvements impulsifs particulièrement forts. Il est fréquent de trouver des gaps qui confirment la force du mouvement, comme on le verra au paragraphe 4 –3 -5.

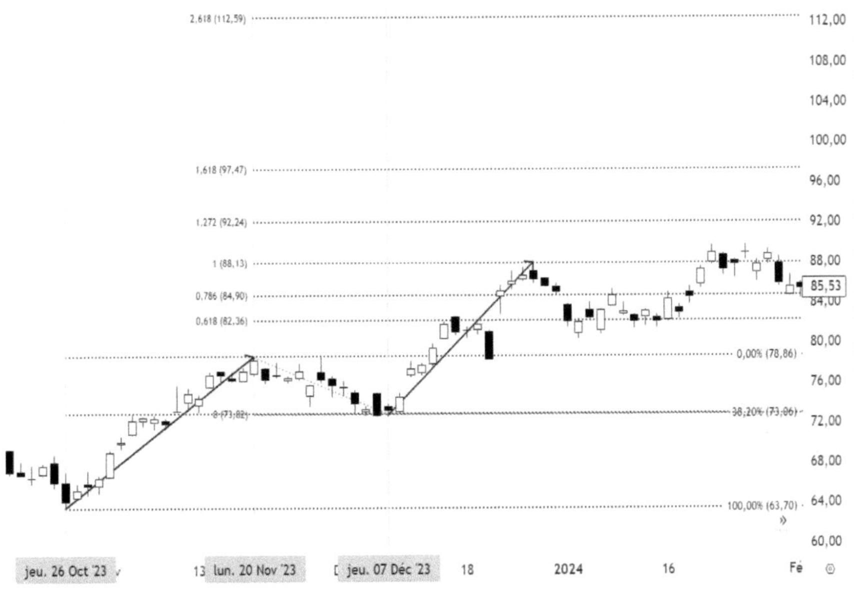

<u>4 – 3 – 2 Extension 0,618</u> : La configuration suivante montre un mouvement impulsif qui consolide sur le retracement 50 % de Fibonacci

et qui, après reprise de la tendance initiale, va avoir comme objectif l'extension 0,618 de Fibonacci.

4 – 3 – 3 Extension 0,786

Le graphique ci-après fournit un exemple de reprise de la tendance principale après consolidation sur le retracement 50 % de Fibonacci. Le retournement s'effectue avec une autre figure classique de retournement qui est une « île de renversement » : les cours ouvrent un gap haussier sous le retracement. Les vendeurs reprennent la main en ouvrant un gap baissier, isolant les prix correspondant à la période de test du retracement. La tendance initiale reprend ses droits et les cours vont atteindre l'extension 0,786. On notera néanmoins que l'extension 0,618 a été difficile à traverser, les cours marquant à ce niveau une petite consolidation.

4– 3 – 4 : Extension 1

La configuration suivante présente une situation où, après la consolidation d'un mouvement haussier, les cours repartent dans la tendance initiale vers l'extension 1 du rally entre les 7 et 19 décembre. Comme précédemment, une figure de retournement sur le support à 896,10 marque le démarrage du rally qui va atteindre 1145,32 en quasi-ligne droite. Une figure de retournement en forme d'« étoile du soir » lance la consolidation jusqu'au retracement 38,2 % de Fibonacci du rally précédent. Sur ce niveau, une « étoile du matin » marque la reprise du mouvement haussier qui se prolongera jusqu'à l'extension 1, soit le report à partir du point bas de la consolidation du rally initial. On notera que la reprise en main par le camp vendeur sur cette extension est très dynamique avec une figure de retournement caractérisée par :

— La « grosse » bougie noire du 25 janvier qui est un « marubozu » : ouverture au plus haut de la séance, baisse continue et clôture au plus bas de la séance.
— Cette bougie est une englobante car elle englobe le corps de la bougie précédente.
— Un gap baissier est ouvert le lendemain.

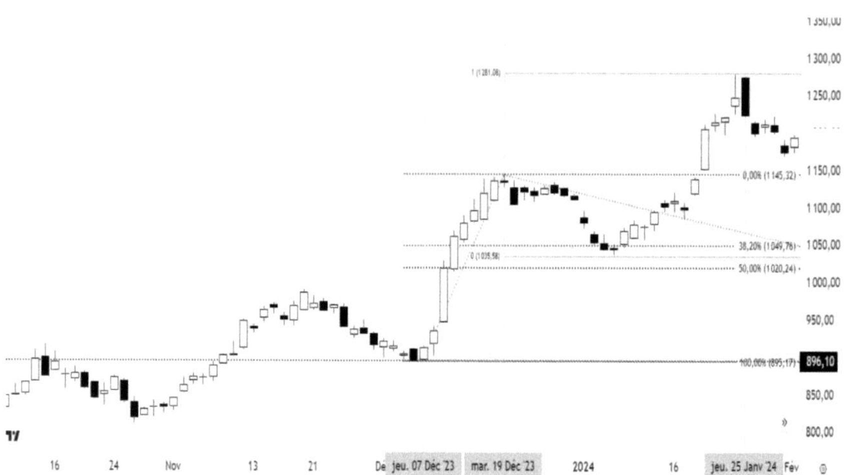

4 – 3 – 5 Extensions supérieures à 1

On a vu qu'il s'agissait généralement des extensions 1,272 puis 1,618 et 2,618 dont on a vu la détermination à partir de la suite de Fibonacci.

Reprenons notre exemple précédent et poursuivons le mouvement des prix dans le futur.

Après avoir consolidé sur l'extension 1, les cours ont repris leur marche en avant et ont rallié l'extension 1,618 à 1432,80 où, là encore, une figure puissante de retournement, le 5 mars, en forme d'« étoile du soir », a relancé une nouvelle consolidation.

Cette approche indiquerait qu'on serait en présence d'un mouvement unique qui aurait débuté le 7 décembre pour trouver un terme le 5 mars. Elle est parfaitement défendable dans la mesure où le mouvement a toujours été haussier.

On peut aussi proposer l'approche suivante qui consiste à analyser le mouvement d'extension entre les 5 et 25 janvier qui aboutit à la nouvelle consolidation, courte, qui s'achève le 1er février à proximité du retracement 38,2 % de Fibonacci. La reprise de la tendance haussière va amener les cours jusqu'à son extension 1 sur 1408,48, soit un niveau proche de celui déterminé par la première méthode (extension 1,618).

En la circonstance, les résultats semblent très proches. Néanmoins, la méthode séparant les deux impulsions donne un résultat confondu avec la résistance à 1408,88 sur laquelle les cours dessinent une structure de retournement « sommet en pince ».

La proximité des résultats provient du fait que le mouvement des prix est très bien rythmé avec l'enchaînement : impulsion/retracement 38,2 %/impulsion sur l'extension 1/retracement 38,2 %/impulsion sur l'extension 1.

Il est nécessaire d'avoir des tendances puissantes pour qu'après un retracement, on aille chercher l'extension 1.

En pratique, il est peu fréquent que des mouvements impulsifs qui, après consolidation, poursuivent leur évolution au-delà de l'extension 1 sans nouvelle consolidation. Si une deuxième consolidation se produit, cela signifie qu'il n'y a pas assez de force acheteuse (cas d'un mouvement haussier) pour aller plus haut. Cette nouvelle consolidation crée une situation nouvelle dans un contexte de prix différent de la première consolidation. C'est exactement la situation dans laquelle on s'est trouvé dans l'exemple précédent, et c'est pour cela que l'on a isolé chacun des mouvements impulsifs.

Comme on vient de le voir, les cas de développement du mouvement au-delà de l'extension statistique correspondent à de fortes impulsions qui se produisent à la suite d'un évènement de marché comme une sortie de résultats pour les actions. On retrouve alors souvent un ou des gaps qui témoignent de la force du mouvement impulsif.

Dans l'exemple suivant, un mouvement haussier débute le 2 février suite au test positif du support à 139,99. Le mouvement impulsif se développe jusqu'au niveau de 178,02, le 7 mars. La consolidation qui s'ensuit trouve support sur le retracement 50 % de Fibonacci à 157,63.

La reprise de la tendance haussière est dynamisée par les deux gaps haussiers ouverts les 2 et 15 mai. Dans ce mouvement fort, les extensions de Fibonacci 0,618, puis 0,786, 1 et 1,272 sont franchies. Le mouvement va se terminer à proximité de l'extension 1,618 et, le 29 mai, une consolidation s'installe.

Il aura fallu les deux gaps haussiers, traduisant l'appétit du camp acheteur, pour propulser les cours bien au-delà de l'extension que l'on aurait dû attendre.

On voit également dans cet exemple que le niveau maximal atteint le 28 mai n'arrive pas jusqu'à l'extension 1,618. Cela illustre le fait qu'au-delà de l'extension 1, les niveaux de Fibonacci ne sont plus aussi précis et l'investisseur devra faire preuve de prudence en fixant ses objectifs sur des extensions supérieures à 1.

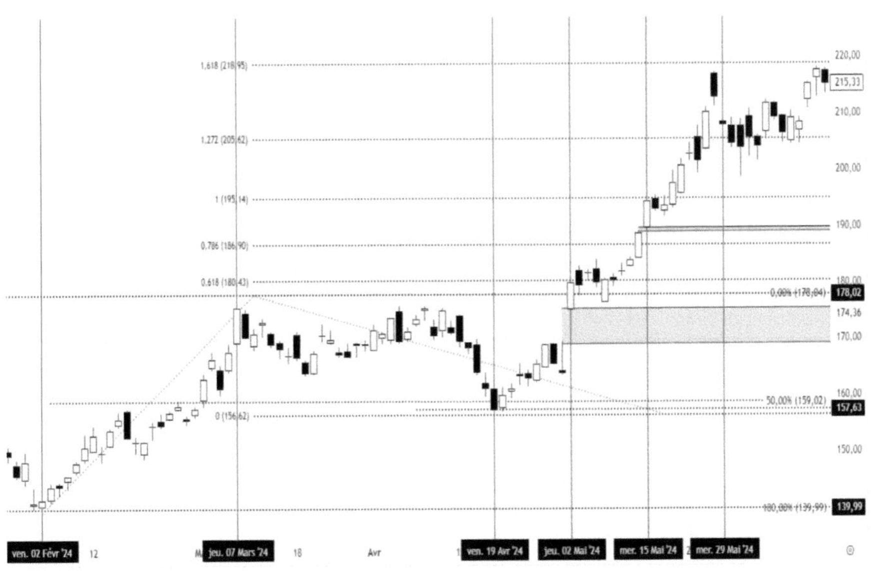

4 – 4 Correspondance entre les niveaux de retracement et les objectifs d'extension après consolidation

Une approche statistique a été menée par l'auteur de l'ouvrage sur plusieurs centaines de situations de retracement/extension. Cette approche est statistique et a pour but de donner à l'investisseur des objectifs en cas de reprise de la tendance après consolidation.

Les résultats sont les suivants :

– Quand un mouvement impulsif consolide sur le retracement 23,6 % de Fibonacci et que la tendance initiale repart, les cours vont au minimum sur l'extension 1. Ils peuvent aller plus loin dans la mesure où un retracement 23,6 % est le niveau minimum pour estimer que l'on est véritablement en consolidation. En dessous, il ne s'agit que d'une simple respiration qui ne concerne pas le système de Fibonacci.

– Quand le mouvement impulsif consolide sur le retracement 38,2 % de Fibonacci et que la tendance initiale repart, les cours vont entre les extensions 0.786 et 1.

– Quand un mouvement impulsif consolide sur le retracement 50 % de Fibonacci et que la tendance initiale repart, les cours vont entre les extensions 0,618 et 0,786.

– Quand un mouvement impulsif consolide sur le retracement 61,8 % et que la tendance initiale repart, le retour au niveau de départ de la consolidation est déjà un objectif ambitieux.

– Enfin, si le mouvement consolide au-delà du retracement 61,8 %, les prix doivent revenir à l'origine du mouvement impulsif.

Plusieurs exemples de ces situations ont été présentés dans les configurations précédentes. Les autres seront illustrés dans le paragraphe suivant.

Ces statistiques montrent une grande logique : plus la consolidation est profonde, plus l'objectif de reprise est bas.

Si la consolidation est faible (retracement 23,6 % et 38,2 %), cela signifie qu'il n'est pas nécessaire que les cours descendent bas (tendance haussière) pour retrouver un courant acheteur suffisant pour contrer ceux qui cherchent à vendre. Cela montre un véritable intérêt pour l'actif. Dans le cas contraire (retracements 50 % et 61,8 %), il faut descendre plus bas pour commencer à intéresser des acheteurs (tendance haussière). Cela signifie, pour une majorité d'investisseurs, que le point haut de la tendance, démarrage de la consolidation, pouvait être assimilé à un excès de marché. La confiance dans le rebond existe mais avec des ambitions plus limitées.

Par ailleurs, cette approche statistique montre une réelle correspondance entre les niveaux de retracement et d'extension. Il faut comprendre ce fait par la logique psychologique des intervenants. À un niveau donné de retracement, il faut que les intervenants aient des objectifs qui justifient une nouvelle prise de position. Si le retracement est faible et que les prix repartent à la hausse (cas d'un mouvement haussier), le message envoyé à chaque investisseur est qu'il y a un véritable mouvement qui pense que la consolidation est terminée. Pour que cela soit intéressant d'entrer en position, il est nécessaire que l'objectif soit suffisamment haut.

<u>4 – 4 – 1 Autres exemples de correspondance retracement/extension</u>

a)   Retracement 61,8 % :

Dans la configuration suivante, les cours viennent au contact du support à 34,85.

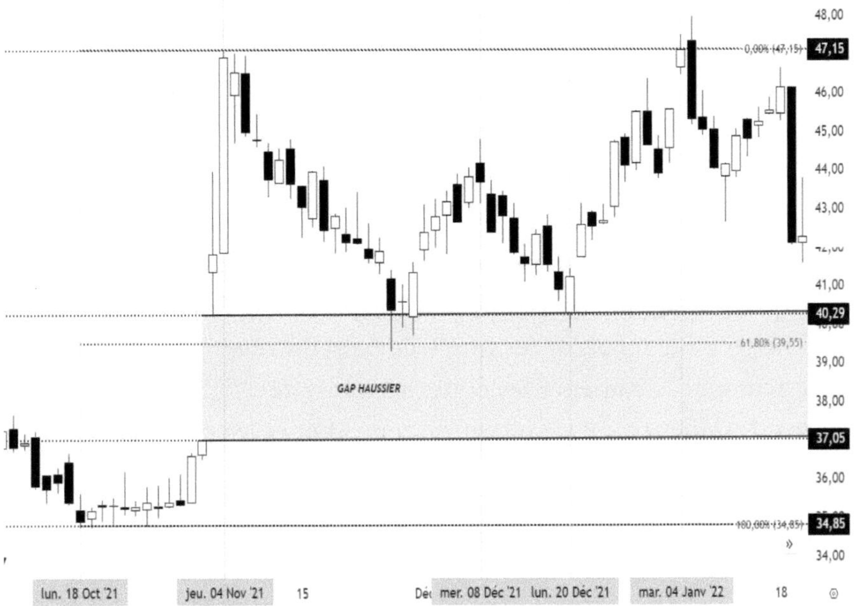

La « bataille » acheteurs/vendeurs dure une dizaine de séances avant que les acheteurs ne prennent le contrôle, notamment avec l'ouverture d'un gap important le 3 novembre entre 37,05 et 40,29. Les cours viennent au contact de la résistance à 47,15 le 4 novembre avant que les vendeurs ne reprennent la main et ramènent les cours au contact du gap et sur le retracement 61,8 %. Une première tentative des acheteurs est stoppée le 8 décembre et les cours retournent au contact du gap et à proximité du retracement 61,8 % le 20 décembre. Enfin, les acheteurs pourront ramener le marché sur l'origine de la consolidation à 47,15 le 4 janvier, avec en plus l'ouverture d'un gap haussier, mais ne pourront aller plus haut. Le lendemain, après une dernière tentative des acheteurs, les vendeurs reprennent la main et la bougie noire du 5 janvier présentant un corps important scelle le sort des acheteurs.

Ainsi, on a eu un décalage important des cours entre les 2 et 4 novembre, de 36,50 à 47,15, soit environ 30 % gagnés en deux jours. Quelle qu'en soit la raison, cette évolution est très forte et il faut que le marché, après avoir « digéré » cette hausse, estime si le niveau atteint à 47,15 est la bonne valeur pour l'actif. Il est logique qu'à ce niveau, on assiste à une consolidation : une part des acheteurs soldent leur position compte tenu du gain réalisé. Il s'avère que leur proportion semble importante car les cours baissent durant une quinzaine de séances et c'est la convergence gap/retracement 61,8 % qui stoppe la baisse. On a quand même reperdu 15 %, ce qui montre que le niveau de 47,15, après réflexion, ne correspondait pas à la valeur actuelle acceptée par le marché : la confiance à long terme n'était pas au rendez-vous. Le rebond acquis après une telle baisse a réussi, après une deuxième tentative, à ramener les cours au retest de 47,15, mais le même schéma de défiance sur ce niveau se reproduit et les cours reviennent sur la zone des 40.

La configuration suivante donne un autre exemple clair de retracement sur le niveau 61,8 % de Fibonacci dans le cas d'une impulsion baissière avant que les cours ne reviennent à l'origine du retracement.

b)   Consolidation au-delà du retracement 61,8 % :

Dans la configuration suivante, le mouvement baissier amorcé le 18 août trouve support le 10 octobre sur 51,69 avant que les acheteurs ne reprennent la maîtrise du marché de l'actif après une structure classique de chandeliers japonais dénommée « creux en pince ». Le mouvement de consolidation ramène les cours sur le retracement 61,8 % et on pourrait penser que désormais les prix vont revenir vers la zone des 51,69. Il n'en est rien et les acheteurs reprennent rapidement le contrôle, et les cours dépassent définitivement le retracement 61,8 % le 21 novembre et ramènent les cours, le 2 décembre, au niveau du démarrage du mouvement baissier le 18 août. Par la suite, on notera que le mouvement des cours dessine une figure de sommet en pince qui marquera que ce retour vers l'origine du mouvement est le plus haut que peut donner la force acheteuse.

En fait, le mouvement haussier démarré le 10 octobre a été le plus fort et il a « emporté » le retracement 61,8 %.

En fait, la véritable lecture de la situation est illustrée par le graphique suivant :

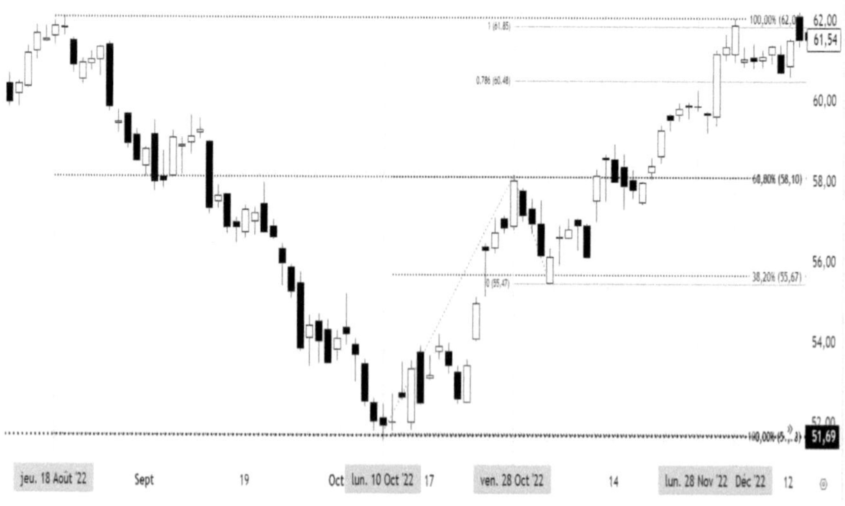

Le mouvement impulsif démarré le 10 octobre a consolidé à partir du 28 octobre sur le niveau 38,2 % de Fibonacci, puis la tendance de base a repris et les cours sont allés au contact de l'extension 0,786 le 28 novembre et la force du mouvement a conduit les cours jusqu'au maximum statistique d'extension suivant un retracement 38,2 % soit l'extension 1. Les deux lectures sont ici totalement complémentaires et donnent toutes les deux un objectif de cours dans la zone de 62.

a)   Retracement 23,6 % :

On a indiqué que c'était le niveau minimum pour différencier une petite respiration des cours et une véritable consolidation. Ce phénomène est illustré dans la configuration ci-après.

Une impulsion dynamique propulse les cours de 97,30 à 115,18 en quatre séances. Une consolidation intervient sur le retracement 23,6 % de Fibonacci, puis la bougie blanche à grand corps du 21 octobre finit de dessiner une structure classique de continuation dénommée « trois méthodes ascendantes ». C'est une structure généralement puissante et, en la circonstance, le mouvement haussier repart de manière constante pour trouver un sommet le 1er décembre compris entre les extensions 1 et 1,272 de Fibonacci.

Certaines configurations laissent anticiper le fait que l'objectif statistique ne sera pas atteint.

a)   Comme indiqué précédemment, en fin de consolidation, il est indispensable que le camp correspondant à la tendance de fond marque une reprise en main ferme. Dans l'exemple suivant, le mouvement haussier entre le 24 septembre et le 16 février consolide sur le retracement 50 % de Fibonacci une première fois le 24 mars. Les prix repartent à la hausse après, le lendemain, une figure de retournement « ligne de contre-attaque ». Un gap haussier est ouvert, mais le 5 avril, une nouvelle figure de retournement, baissier cette fois, est actée : « couverture en nuage noir » et les prix reviennent, à partir du 13 mai, sur la zone de support à 102,90, niveau qui avait lancé la reprise de la tendance haussière le 25 mars. Cela semble indiquer que le sommet atteint le 26 février est désormais considéré par le marché comme un excès. Un nouveau test de la résistance à 120,29 est réalisé le 14 juillet et une nouvelle figure de retournement baissier (sommet en pince suivi d'un gap baissier) renvoie les prix, à nouveau, sur 102,90. Ce nouvel échec, le 14 juillet, scelle les espoirs des investisseurs qui étaient rentrés en position longue suite au rebond du 24 mars. Une sortie de position après le 14 juillet apparaît comme une option raisonnable.

b)   Dans une tendance haussière, un gap est ouvert le 27 octobre entre 194,10 et 201,87. Une consolidation est initiée le 30 janvier. Elle se déroule en plusieurs temps et notamment une impulsion baissière est donnée à partir du 6 mars jusqu'au rebond du 17 mars, et le 4 avril, les prix repartent à la baisse après contact avec le retracement 38,2 % de Fibonacci. Les conditions semblent réunies pour aller plus bas, en particulier pour casser le précédent plus bas à 206,74. En imaginant cela, l'analyste doit **impérativement** tenir compte du fait qu'il faudra combler un gap haussier important dans une tendance primaire haussière : le support ainsi constitué est très fort !

Le gap est testé à plusieurs reprises et on comprend assez rapidement que les prix sont rentrés en range avec le gap en support. Il sera testé à trois reprises et la bougie blanche dynamique du 7 juin marque la sortie haussière du range, dans le sens du mouvement primaire. Un investisseur qui serait rentré en position vendeuse le 4 avril aurait été inspiré de clôturer sa position lors des deux derniers tests du range. La réalité de la situation était en fait que l'on se trouvait dans un mouvement haussier de fond, qu'il était en consolidation qui trouvait son plus bas sur le gap haussier important et que la tendance de fond allait reprendre sa course.

Ces exemples montrent les « grains de sable » qui peuvent s'immiscer dans la course des prix : tout ce qui apporte de l'incertitude, tout obstacle, comme un support ou une résistance majeurs, des hésitations du marché au moment de la reprise de la tendance ou un gap important comme dans l'exemple précédent. On favorisera toujours les mouvements clairs, les situations de marché bien rythmées et harmonieuses.

5 – Comment déterminer les niveaux pour le tracé des retracements de Fibonacci

Ce sujet est en fait assez complexe. Déterminer les points servant au tracé revient à chercher la réalité des niveaux et le rythme du marché. Il est parfois difficile à trouver et plusieurs solutions sont possibles

5 – 1 Tracé à partir des mèches ou des clôtures

a) Reprenons l'exemple décrit dans le cas du retracement 23,6 % de Fibonacci.

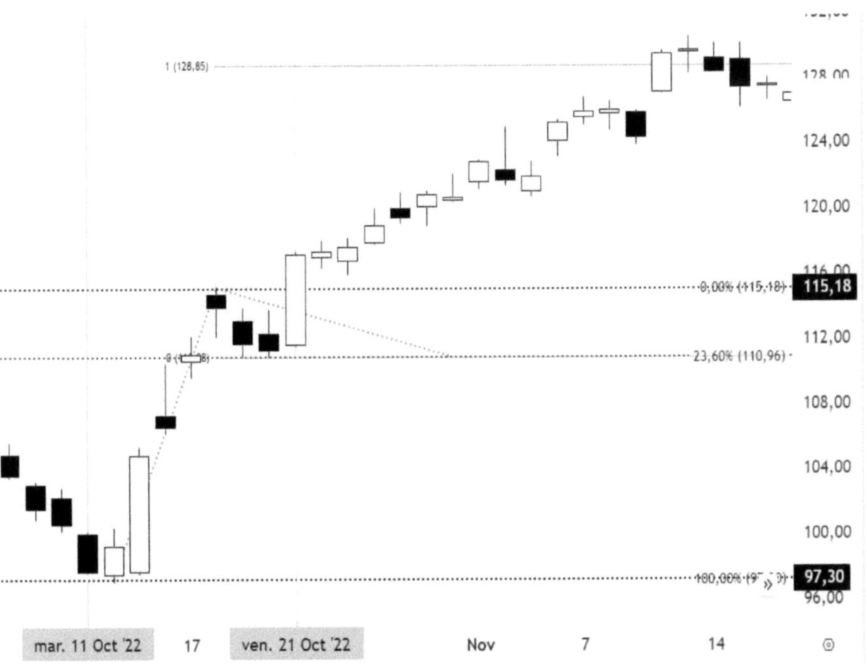

Le rebond s'est opéré à partir du niveau à 97,30. Celui-ci correspond à la mèche basse de la bougie du 12 octobre. Cependant, cette dernière est de très petite taille et le niveau de 97,30 est validé par la clôture de la veille, le 11 octobre, et l'ouverture de la bougie blanche du lendemain. Démarrer le tracé sur ce niveau apparaît comme tout à fait valide. L'impulsion haussière est de courte durée avant la consolidation. Le niveau haut est à 115,18. Il correspond également à une mèche mais celle-ci est très courte et la bougie de ce jour a un corps de petite taille. Utiliser ce niveau de 115,18 comme niveau haut du tracé est aussi valide.

Le retracement va jusqu'au niveau 23,6 % de Fibonacci. Les cours s'arrêtent exactement sur ce niveau. De plus, les deux bougies précédant celle du 21 octobre, qui relance le mouvement haussier, ont testé le niveau du 23,6 % dessinant une figure de retournement dénommée « creux en pince ». Le mouvement est donc parfaitement rythmé au sens des outils de Fibonacci. Il n'est donc pas surprenant que le mouvement aille à l'objectif théorique minimal qui est l'extension 1.

b)   Dans la configuration suivante, le tracé à partir des mèches ne pourra pas être validé.

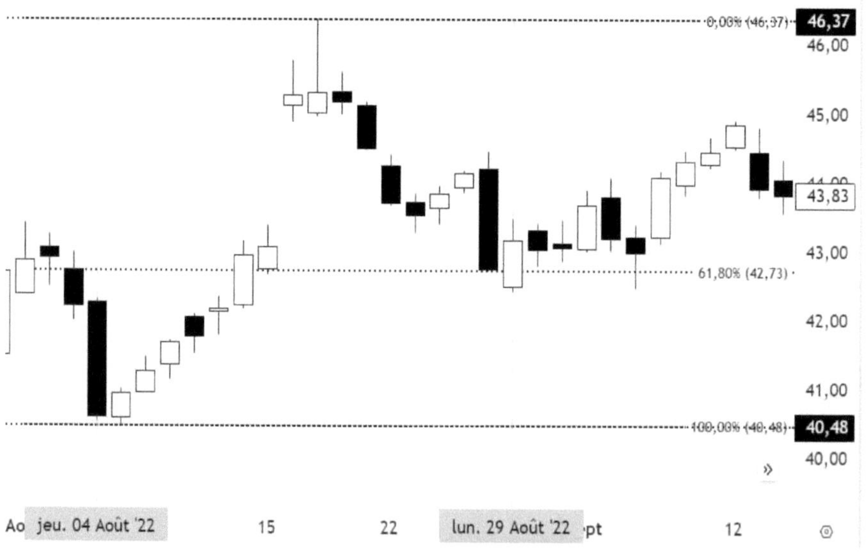

Le rebond initié le 5 août, suite à la longue bougie noire du 4 août, démarre sur 40,48. La mèche basse est faible, et le niveau avait été approché la veille : il correspond bien au niveau de départ de l'impulsion haussière. La situation n'est pas la même pour la fin de l'impulsion sur 46,37. La mèche haute est très longue et marque un excès de marché, alors que la clôture de la veille et l'ouverture du lendemain se feront sur des niveaux similaires. On ne peut donc pas utiliser ce niveau de 46,37. De plus, la consolidation casse le retracement 61,8 % de Fibonacci avant que le mouvement haussier reprenne sa marche.

Dans ce cas, on utilisera un tracé à partir des niveaux majeurs que sont les clôtures qui représentent mieux la réalité de la taille de l'impulsion comme dans le graphique suivant :

On retrouve une situation plus orthodoxe avec une fin de retracement exactement sur le niveau 61,8 % de Fibonacci.

c)   Il y a cependant un type de situation qui peut valider des mèches importantes : lorsque la mèche est suivie ou précédée d'une mèche (la veille ou quelques séances plus tôt) qui va chercher le même niveau, validant celui-ci. C'est le cas dans la configuration suivante avec le niveau de support à 205,56.

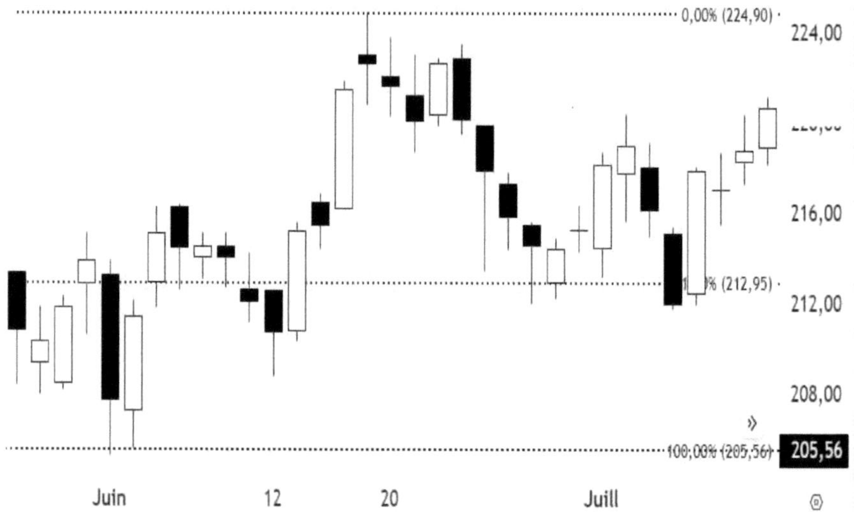

Dans ce cas, on prendra également la mèche haute pour le sommet de l'impulsion à 224,90. On ne mélangera pas clôture et mèches dans un même tracé.

Si on avait pris les clôtures dans le cas de la configuration précédente, on aurait la situation suivante :

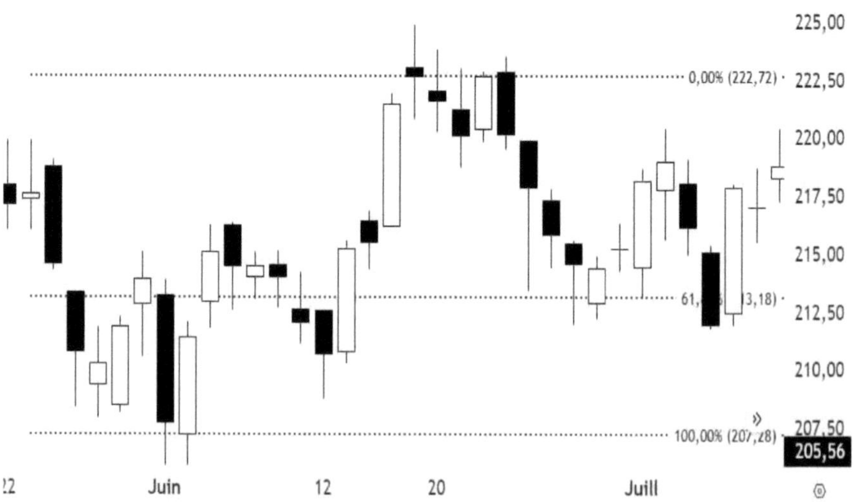

La différence est faible ici car on dispose de mèches longues au départ et à l'arrivée de l'impulsion.

En fait, le système est auto-réalisateur. On prendra la situation qui donne le meilleur résultat, à savoir celui qui donne une fin de consolidation la plus proche d'un niveau de Fibonacci.

Certains actifs ont une forte capacité à faire des mèches importantes. On utilisera donc plutôt, pour eux, les niveaux d'ouverture et de clôture pour le tracé des outils de Fibonacci.

5 – 2 Détermination des niveaux à utiliser pour tracer les outils de Fibonacci

Dans le cas d'un mouvement tendanciel établi, plusieurs solutions peuvent se présenter pour établir les niveaux à partir desquels tracer les outils de Fibonacci.

Prenons la configuration suivante qui montre le démarrage et le développement d'un mouvement haussier régulier dans sa première partie, de janvier à avril 2023, puis, suite au gap haussier ouvert le 3 mai et la longue bougie blanche du lendemain, se relance de manière plus dynamique. Compte tenu des différentes consolidations, on peut se demander comment calculer les retracements et les extensions de Fibonacci.

Considérons tout d'abord la première partie du mouvement entre janvier et avril. On a une première impulsion entre mi-janvier et le 15 mars, puis les cours repartent jusqu'à la deuxième consolidation qui se termine le 25 avril et qui ramène les prix seulement un peu au-dessus de la première.

On peut se demander quels sont les mouvements sur lesquels tracer les outils de Fibonacci.

On pourrait avoir :

– Impulsion entre janvier et fin février qui consolide jusqu'au 15 mars suivie d'une seconde entre le 15 mars et le 18 avril qui consolide jusqu'au 25 avril
– Mouvement complet de début janvier jusqu'au 18 avril et fin de consolidation le 25 avril

Dans les deux cas, on ne peut pas intégrer le mouvement entre le 23 mars et le 18 avril. En effet, il s'agit d'une latéralisation et non d'un mouvement directionnel : les cours évoluent à l'intérieur d'un range.

Pour comprendre la situation vis-à-vis des dispositifs de Fibonacci, le graphique suivant montre les retracements et extensions de Fibonacci correspondant aux deux situations envisagées. Le dispositif entre janvier et la fin de la consolidation du 15 mars est tracé en pointillés alors que celui complet entre janvier et la fin de consolidation au 25 avril est tracé en traits pleins.

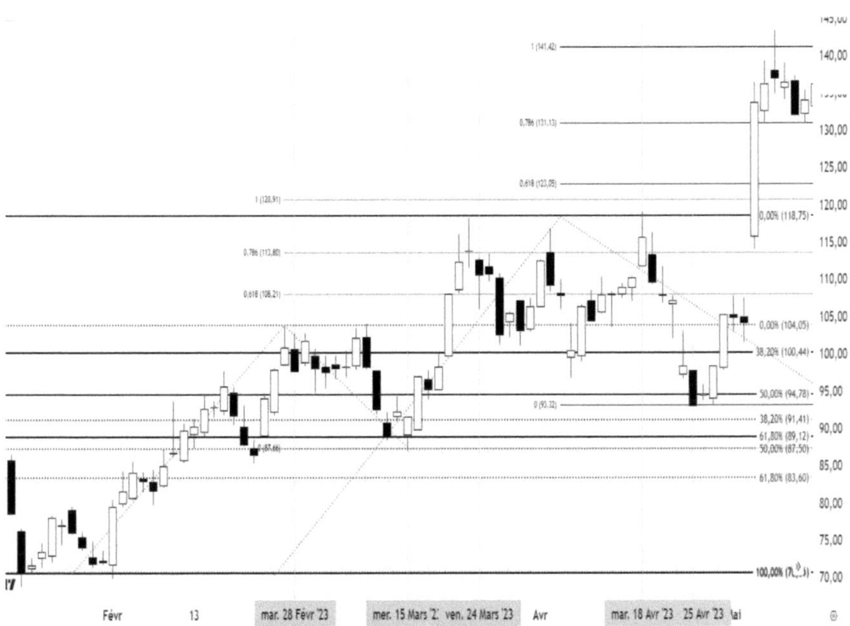

1ᵉʳ mouvement : l'impulsion se déroule de janvier au 27 février, et la consolidation du 28 février au 15 mars, après une latéralisation qui va durer quelques séances. La consolidation trouve support sur le retracement 50 % de Fibonacci. Les extensions montrent que, hors mèches, la reprise du mouvement haussier va trouver l'extension 0,786 à 113,80, respectant ainsi le niveau maximum de la statistique correspondant à un retracement 50 %.

Mouvement complet : il se déroule, dans sa phase impulsive, entre fin janvier et le 18 avril, suivi d'une consolidation courte entre les 18 et 25 avril. On retrouve ici aussi une consolidation sur le retracement 50 % de Fibonacci. Les extensions calculées à partir du niveau du 25 avril montrent une dynamique supérieure. La raison vient d'un évènement survenu le 3 mai et qui a entraîné l'ouverture d'un gap important suivi d'une bougie à long corps blanc. Il est clair que cette dernière lance une nouvelle dynamique au mouvement. On voit néanmoins que l'impulsion nouvelle va chercher le niveau d'extension 1 du mouvement précédent avant une nouvelle consolidation.

On voit que les deux approches ne sont pas contradictoires. La première fixe les objectifs du mouvement suivant après la fin de la consolidation du 15 mars, la seconde fixe les objectifs après celle qui s'achève le 25 avril.

Cette configuration montre également le rythme du marché. Nos deux ensembles impulsion/consolidation/reprise de la tendance donnent chacune des retracements de 50 %. Cela montre que le marché obéit à un rythme correspondant à la psychologie des « grosses mains » qui ont besoin de confirmer de manière significative (retracement 50 %) chaque système impulsif. Il faudra le gap haussier du 3 mai pour modifier la vision de l'actif par le marché.

C'est aussi cette notion de rythme du marché, qui traduit le regard des investisseurs sur l'actif, que dévoile le dispositif de Fibonacci. Il est indispensable à l'analyste de bien le comprendre pour déterminer une opportunité d'entrée en position et les objectifs qui l'accompagneraient.

6 – Convergence entre supports/résistances et retracements/extensions de Fibonacci

Il est indispensable de comparer les supports/résistances aux niveaux de Fibonacci.

6 – 1 Convergence entre supports/résistances
et retracements de Fibonacci

Dans la configuration suivante, les prix viennent tester la résistance à 222,12, et la grande bougie noire du 28 juillet scelle le sort des acheteurs sur ce niveau. L'impulsion baissière qui suit va tester le 24 août le niveau à 173,94 qui avait déjà fait support le 28 avril et au cours des séances suivantes.

Le rebond sur 173,94 va être limité par la résistance à 193,15. Ce niveau avait déjà fait résistance au cours des séances qui avaient précédé et suivi le 10 juillet. Il avait aussi été support au cours des séances qui avaient précédé et suivi le 28 juillet. C'est un niveau de polarité, donc une mémoire importante du marché. Ce niveau de 193,15 est également ment le retracement 38,2 % de Fibonacci de l'impulsion baissière entre le 28 juillet et le 24 août. Le rejet de la polarité sur ce niveau de retracement est un signal très fort de reprise en main par le camp vendeur et permet d'anticiper la poursuite de la dynamique baissière.

La configuration suivante va donner une vue complète des convergences entre différents niveaux de support, de résistance et de polarité.

Le 5 avril, l'impulsion haussière est stoppée par la résistance du 22 novembre à 386,60 et des séances suivantes avec une structure de retournement en chandeliers japonais qui est un « sommet en pince ». La consolidation qui s'ensuit est profonde et va amener les cours le 25 mai jusqu'à la polarité à 208,21. Ce niveau avait été résistance le 28 mai et les jours suivants puis support aux cours le 27 juillet et à deux reprises quelques séances plus tôt.

Le rebond sur 208,21, suite à la structure de « creux en pince » va ramener les cours jusqu'à la résistance à 316,15, niveau qui va être testé à trois reprises à partir du 4 août. On notera l'hésitation des cours à l'occasion du test du retracement 38,2 % de Fibonacci, qui est également un niveau de résistance qui avait été testé notamment le 22 janvier. Celui-ci a, dans un premier temps, repoussé les cours, mais les acheteurs ont rapidement repris la main pour tester le niveau de résistance à 316,15 qui est aussi le retracement 61,8 % de Fibonacci. Le retournement effectué sur ce niveau va venir tester dans un premier temps le niveau de polarité précédent à 275,33 avant de rebondir et revenir tester à nouveau le retracement 61,8 % de Fibonacci.

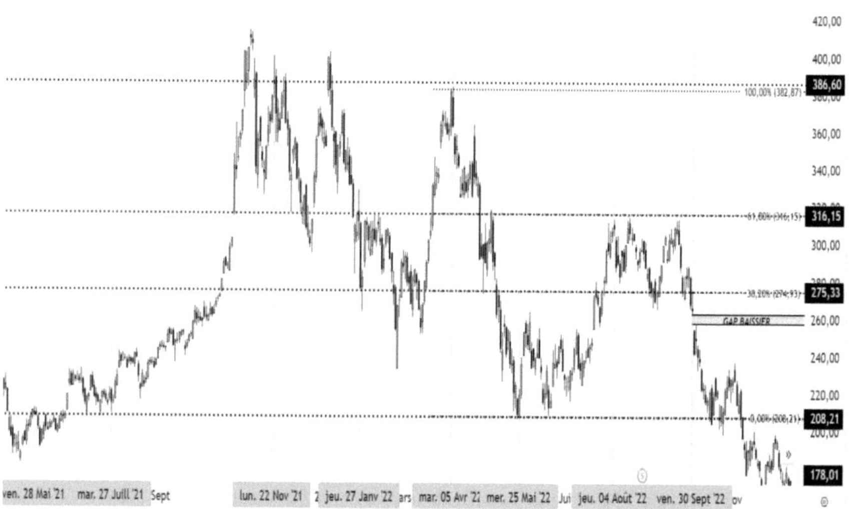

Les cours vont ainsi évoluer entre le 4 août et le 30 septembre à l'intérieur d'un range qui peut être une zone de distribution ou d'accumulation. Si elle avait été zone d'accumulation, on a vu que statistiquement, le franchissement du retracement 61,8 % de Fibonacci aurait donné comme objectif le retour à l'origine de l'impulsion à 386,60. En fait, on avait affaire à une structure de distribution, et le gap baissier ouvert la séance suivant le 30 septembre a acté la victoire du camp vendeur et les cours sont allés tester la polarité à 208,21.

Cet exemple montre clairement la convergence entre retracements et niveaux techniques. Cette convergence crée des niveaux forts qui seront recherchés par les intervenants sur le marché.

6 – 2 Convergence entre supports/résistances et extensions de Fibonacci

Reprenons l'avant-dernière configuration après l'échec le 1er septembre sur le retracement 38,2 % de Fibonacci accompagné d'une figure de retournement en chandeliers japonais qui est une « couverture en nuage noir ».

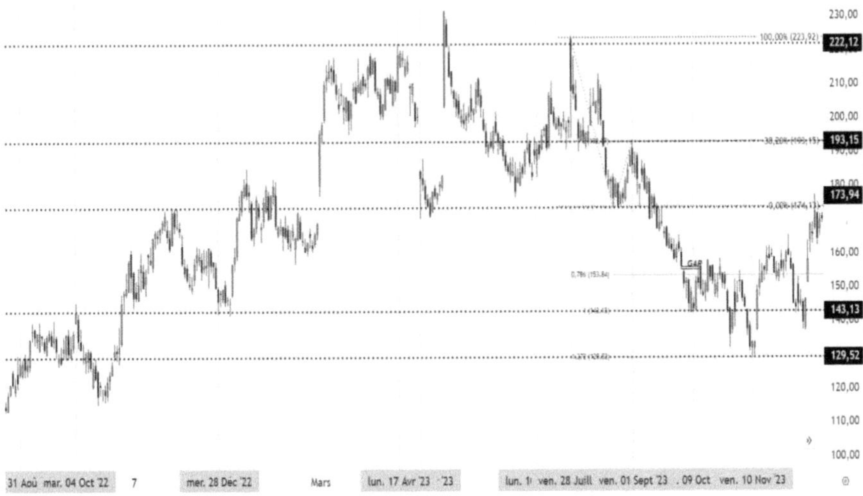

Les extensions de Fibonacci correspondant à ce dernier mouvement montrent que les cours vont aller chercher l'extension 1 à 143,13, cohérente avec le système statistique. Ce niveau avait été résistance aux cours le 4 octobre de l'année précédente, puis support le 28 décembre et les séances suivantes. On revient pour la première fois dans cette zone et la convergence avec l'extension 1 entraîne un rebond mais les vendeurs reprennent rapidement le contrôle pour amener les cours jusqu'à l'extension 1,272 à 129,52. Ce niveau est également une polarité pour avoir été résistance le 31 août de l'année précédente et support durant la majeure partie du mois de septembre.

C'était bien l'objectif technique du marché après la rupture de l'extension 1.

On voit, comme pour les retracements de Fibonacci, que la convergence entre des niveaux techniques importants et les niveaux d'extension correspondent à des objectifs techniques forts pour le marché.

7 – Extensions de Fibonacci et plus haut/bas historique

Les extensions de Fibonacci sont d'excellents moyens de prévision quand les prix se trouvent dans des zones de plus haut ou de plus bas historique. Dans ces circonstances, on ne dispose plus de support ou de résistance pour tenir lieu d'objectif. Les extensions permettent, en fonction de la structure de la dernière consolidation et de l'analyse du rythme du marché, de fixer de nouveaux objectifs soit de nouveau plus haut, soit de nouveau plus bas historique.

Les premiers mois de 2024 ont permis à un grand nombre d'indices et d'actions, tant européennes qu'américaines, de réaliser de nouveaux sommets historiques, souvent à plusieurs reprises.

La configuration suivante en est un exemple.

Un mouvement impulsif haussier est déclenché à partir du 1ᵉʳ novembre. Une figure de retournement « creux en pince » marque la prise en main par le camp acheteur. Il s'achève le 15 décembre avec une figure baissière : « étoile du soir ». La consolidation prend fin le 18 janvier après un marteau la veille, suivi d'un gap haussier. Elle est venue tester le retracement 50 % de Fibonacci. On a vu que, statistiquement, la reprise du mouvement haussier a comme objectif les extensions 0,618 à 0,786. La dynamique des marchés en ce début 2024 est forte et il n'est pas déraisonnable d'espérer venir tester l'extension 0,786.

C'est effectivement ce qui se produit. Le premier test de l'extension 0,786 est suivi le lendemain, le 4 mars, d'une bougie de retournement en « couverture de nuage noir », et le second test, quelques séances plus tard, est suivi d'une autre bougie de retournement baissier qui est une « englobante » baissière avant qu'une consolidation ne démarre.

Le marché s'était bien fixé l'extension 0,786 comme objectif, et ceux qui espéraient aller plus haut n'ont pas vu leurs espoirs se réaliser. En effet, la précédente consolidation était venue tester le retracement 50 % de Fibonacci le 18 janvier. Cela signifiait qu'il fallait descendre à un niveau notable pour retrouver de la force acheteuse.

On peut comprendre qu'avant d'aller plus haut, quand l'extension 0,786 a été testée, le marché ait besoin d'une nouvelle consolidation.

L'approche peut fonctionner plusieurs fois de suite comme dans la configuration suivante du future du CAC 40 entre janvier et avril 2024, période où des sommets historiques ont été réalisés à plusieurs reprises.

Le 18 janvier, un mouvement haussier est déclenché suite au marteau de la veille, au test d'une ancienne polarité à 7 279 et à la bougie blanche à long corps. Le retournement se produit le 31 janvier sur le nouveau sommet historique à 7 720.

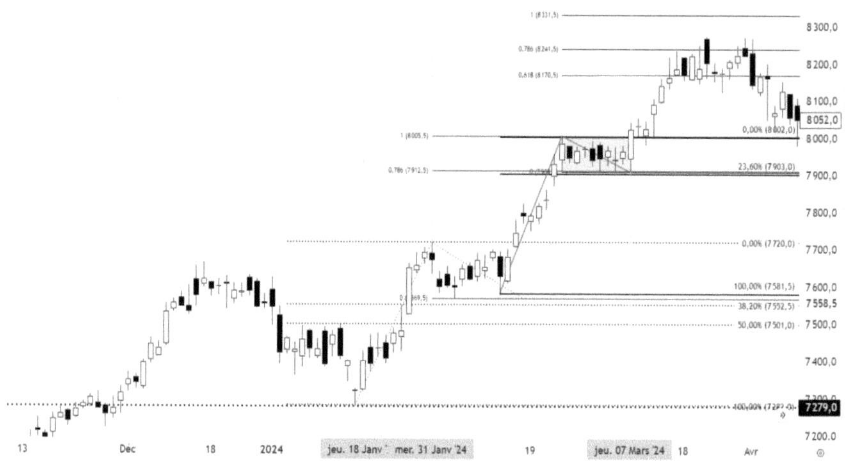

La consolidation vient tester le retracement 38,2 % de Fibonacci trois séances plus tard. Après quelques séances d'hésitation, le mouvement haussier reprend et va tester l'extension 1 de Fibonacci à 8 005. La consolidation suivante est horizontale dans un rectangle compris entre 8 005 et le retracement 23,6 % de Fibonacci à 7 903. La bougie blanche dynamique du 7 mars donne le signal de sortie haussière de la consolidation qui va chercher l'extension 0,786, testée à plusieurs reprises et sur laquelle les vendeurs reprennent la main. Il est classique que, lorsque plusieurs mouvements impulsifs s'enchaînent, on n'arrive pas à l'objectif statistique d'extension. Cela est encore plus compréhensible quand on est sur des extrêmes de marché, en « terra incognita ».

On retrouve ce même type d'approche avec la configuration de VALEO qui est dans une zone de plus bas depuis début 2013, ce qui est équivalent à un plus bas historique.

L'impulsion baissière qui a débuté le 13 septembre suivie de la fin de la consolidation à plat a trouvé un plus bas le 26 octobre. Le marché a consolidé sur le retracement 50 % de Fibonacci et la baisse a repris à la rupture de 13,53 euros et un nouveau plus bas depuis 2013 sur l'extension 0,618 de Fibonacci dans la zone des 10,06/10,23 euros.

8 – Lecture du marché et rythme du marché

Les chapitres précédents ont mis en lumière les phénomènes suivants :

– Il existe une correspondance **statistique** entre le niveau de retracement d'un mouvement tendanciel et l'extension qui suivra en cas de reprise de la tendance principale.

– Les marchés ont des rythmes, souvent guidés par les nombres de Fibonacci.

Il convient de rajouter un élément majeur qui est la lecture des bougies et la « danse du marché ». Ce phénomène a été largement décrit et analysé dans l'ouvrage du même auteur *Les chandeliers japonais* dans la même collection « Les Essentiels de l'AFATE ».

Au-delà de l'approche statistique, le lecteur suivra le combat permanent entre les camps acheteur et vendeur qui expliquera la marche des prix.

Considérons la situation suivante :

Une structure de retournement se met en place le 7 juin suite à une figure technique de « sommet en pince » des deux séances précédentes. La baisse est dynamique, les vendeurs étant à la manœuvre jusqu'au 18 juin où une nouvelle structure de retournement haussier met fin à l'impulsion. La consolidation qui s'ensuit va trouver le retracement 38,2 % de Fibonacci et les prix reprennent le sens de la tendance initiale baissière. L'ouverture d'un gap baissier le 19 juillet ne dynamise pas le mouvement mais, au contraire, le lendemain, une bougie blanche à long corps comble le gap et relance le mouvement haussier. Le 12 août, sur le niveau précèdent de 207,77, une figure de retournement baissier « couverture en nuage noir » met fin au mouvement. Les prix sont en fait dans un range entre 192,04 et 207,77.

Le mouvement baissier entre les 7 et 18 juin a fait passer les prix dans une zone autour de 230 à une zone large inférieure entre 192 et 207. La situation de l'actif et son appréciation par le marché ont été largement modifiées et une période d'indécision est ouverte, illustrée par le range.

Il faudra attendre la bougie noire du 17 septembre et le gap baissier de la séance suivante pour relancer une impulsion baissière. L'extension 0,786, cohérente avec le retracement 38,2 %, sera atteinte avant une nouvelle consolidation.

Cette configuration montre clairement que si, à la fin, l'objectif statistique est bien atteint, il faut suivre au plus près l'évolution des bougies pour bien comprendre la « danse du marché ». Le fait de donner des objectifs aux extensions de Fibonacci ne veut pas dire qu'on les ralliera en ligne droite ou plus simplement qu'on les ralliera forcément.

Il ne faut jamais oublier que des évolutions importantes de prix correspondent à des situations fondamentales différentes pour l'actif qui est derrière les prix et que les intervenants sur le marché peuvent avoir des attitudes différentes selon la zone de prix dans laquelle on se trouve.

Les extensions de Fibonacci correspondent à des comportements reproductibles des intervenants sur le marché et doivent être considérées par l'investisseur : il ne doit jamais s'y fier « les yeux fermés » mais suivre l'évolution des cours et le comportement des « grosses mains » dans des contextes de prix différents.

La lecture des bougies demeure l'outil de suivi des cours tout à fait privilégié car il renseigne à tous moments sur la psychologie des « grosses mains ».

On verra dans le dernier chapitre de l'ouvrage comment l'utilisation combinée des différents outils guidera positivement le lecteur dans sa compréhension et son suivi des marchés.

9 – Nombres de Fibonacci et théorie du temps

L'aspect temps n'a pas été évoqué au cours des pages précédentes. Certains analystes, dont des Elliottistes, ont pu y faire référence.

On peut, selon cette hypothèse, obtenir des objectifs temporels à partir de projections dans le futur de creux ou de sommets majeurs.

Dans ce cas, on considère que le prochain sommet ou creux majeur se produira après un nombre de périodes égal à un des nombres de Fibonacci, notamment après 13, 21, 34 ou 55 périodes.

La configuration suivante en est un exemple. Le sommet de la consolidation intervient le 21 mars, puis la tendance baissière reprend et on réalise un nouveau creux le 10 avril, soit 13 séances plus tard.

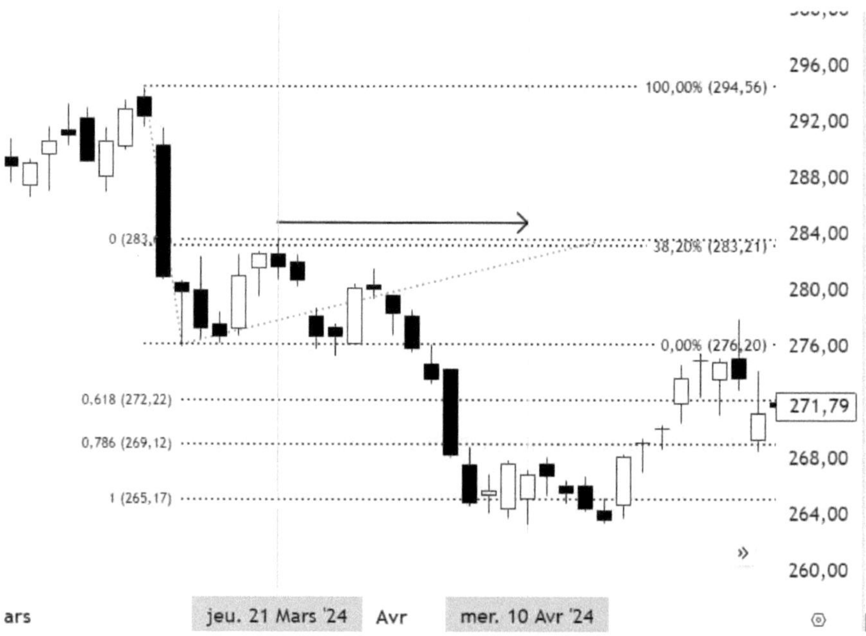

Cette approche demeure cependant très aléatoire. Tout d'abord, les sommets et creux ne se produisent pas sur une seule séance, mais plutôt sur plusieurs car ils correspondent, comme dans notre exemple, au test d'un support ou d'une résistance. Celui-ci peut durer plusieurs jours. De plus, si on voulait calculer le nouveau sommet après la zone du support à 265,17, de quelle séance devrait-on partir ?

De plus, quel profit notable un investisseur pourrait-il tirer de savoir que le prochain extrême de marché se produira dans 13 ou 21 ou 34 ou 55 bougies ?

CHAPITRE 2

UTILISATION DES OUTILS DE FIBONACCI AVEC LES CHANDELIERS JAPONAIS, LES FIGURES CHARTISTES ET LES MOYENNES MOBILES

Les chapitres 2, 3 et 4 de l'ouvrage vont être consacrés à l'exploitation des nombres de Fibonacci en relation à d'autres éléments de l'Analyse Technique. La convergence des informations fournies par ces différents outils et Fibonacci renforcera la prévision et sa fiabilité.

Seront étudiés en particulier la relation entre les nombres de Fibonacci et :

— les figures chartistes classiques, les moyennes mobiles et les structures de chandeliers japonais dans le chapitre 2.
— les systèmes de bandes de Bollinger et de Keltner qui exploitent la notion de volatilité au cours du chapitre 3.
— les figures harmoniques qui sont issues des mouvements psychologiques du marché en convergence avec les nombres de Fibonacci au cours du chapitre 4.

1 – Convergence avec les moyennes mobiles

1 – 1 Moyenne mobile opérante

Tout d'abord, une moyenne mobile doit être « opérante » pour être considérée pour l'actif et l'unité de temps considérés. Cela signifie qu'elle a joué le rôle de support et/ou de résistance dynamique par le passé et que des contacts prix/moyenne mobile se sont produits de manière régulière. Cela montre que la moyenne mobile participe au rythme du marché.

L'exemple suivant montre la pertinence de la moyenne mobile 100 périodes en données quotidiennes.

Elle a fait résistance aux prix avant le 2 novembre 2022. Un contact a eu lieu la veille, et le 2 novembre, une bougie de retournement en « étoile du soir », doublée d'une englobante baissière, a confirmé le rôle de résistance dynamique à la moyenne mobile 100 jours (MM100).

Plusieurs autres contacts ont lieu, notamment le 12 décembre, puis autour du 24 mars, du 31 mai, confirmant dans ces deux derniers cas le statut de support dynamique de la MM100.

Début janvier 2023, la MM100 est franchie, avec l'ouverture d'un gap d'expulsion, marquant la prise de contrôle du camp acheteur et la MM100 devient support au mouvement des prix.

Ainsi, la MM100 est une moyenne mobile « opérante » pour le mouvement des prix en données quotidiennes.

1 – 2 Convergence MM100 et Fibonacci

Considérons le mouvement baissier qui s'est développé entre le 24 juillet et le 7 septembre. Il se termine sur le niveau de 17,94 qui correspond à une polarité, c'est-à-dire un niveau qui a fait support et résistance aux cours à plusieurs reprises par le passé : c'est une mémoire forte du marché. Le mouvement consolide à proximité du retracement 38,2 % de Fibonacci. Ce niveau correspond également à une résistance technique et au passage, en résistance, de la MM100. La convergence de ces éléments confirme la force de cette zone autour de 20,29 comme résistance au mouvement. Suite au contact des prix avec cette zone forte, une structure de « sommet en pince » puis d'« étoile du soir » va apporter la confirmation définitive du retournement. Les prix vont casser la polarité à 1 794 avec une bougie noire à long corps qui marque la puissance du camp vendeur. Le mouvement va se terminer, dans le cadre de la statistique, entre les extensions 0,786 et 1 sur le support technique à 14 531.

1 – 3 Convergence MMe55 et Fibonacci

Dans la configuration suivante, la moyenne mobile « opérante » considérée est une moyenne mobile exponentielle 55 jours : MMe55.

On vérifie d'abord le caractère opérant de la moyenne mobile ce que nous confirment les contacts en tant que support mais aussi comme résistance dynamique de cette MMe55.

La confirmation vient notamment des contacts des 13 octobre, 5 novembre, 10 décembre…

Le mouvement baissier qui débute le 21 avril s'achève sur le support à 145,09 et le retournement est confirmé par le « creux en pince » puis le gap haussier ouvert le 23 mai. La consolidation va chercher la convergence entre la MMe55 et le retracement 50 % de Fibonacci. Un « sommet en pince » suivi de deux gaps baissiers donnent de la vigueur à la reprise de la baisse et les cours vont jusqu'à l'extension 0,786.

2 – Convergence avec les figures chartistes

2 – 1 Biseau et Fibonacci

La configuration suivante présente la convergence entre une figure chartiste qui est un « biseau » et les outils de Fibonacci.

Une impulsion haussière démarre le 31 mars avec une figure de retournement en « étoile du matin » sur le support à 121,32. Elle est interrompue le 9 mai sur 131,28. La consolidation s'effectue à l'intérieur d'un biseau descendant, qui est une structure d'essoufflement et dont on doit, statiquement, sortir par le haut. Les prix viennent rechercher le retracement 50 % de Fibonacci du rally entre le 31 mars et le 9 mai. Le 30 mai, les prix ressortent effectivement par le haut du biseau d'essoufflement et viennent jusqu'à l'extension 0,786 le 8 juin.

La convergence entre le rebond sur le retracement 50 % de Fibonacci et la sortie haussière du biseau confirme la reprise du mouvement haussier.

2 – 2 Triangle symétrique et Fibonacci

Dans la configuration suivante, un mouvement haussier débute sur le support à 374,50. La longue bougie blanche et le gap d'expulsion ouvert le lendemain, le 5 novembre, confirment la force acheteuse. Le mouvement passe par un sommet à 496,95 le 8 janvier et une consolidation se met en place. Les cours vont évoluer à l'intérieur d'un triangle symétrique et la consolidation va tester le retracement 23,6 % de Fibonacci.

3 – Convergence avec les structures de chandeliers japonais

Les principales structures de chandeliers japonais ont été décrites et analysées dans le livre *Les chandeliers japonais* du même auteur dans la même collection « Les Essentiels de l'AFATE ».

Ces figures sont de deux types : retournement et continuation. On peut ajouter la présence de bougies « d'alerte » qui peuvent annoncer un retournement de tendance mais qui doivent être validées au cours de la/les prochaine(s) séance(s).

Certains exemples ont déjà été donnés dans les pages précédentes. Nous allons surtout nous attacher à montrer qu'il est **indispensable de voir apparaître ce type de structure pour confirmer la fin d'un mouvement boursier ou sa relance.**

Leur apparition montrera le changement de camp entre acheteur et vendeur dans la maîtrise du marché de l'actif.

CHAPITRE 3

UTILISATION CONJOINTE DES OUTILS DE BOLLINGER ET FIBONACCI DANS LA GESTION DES TENDANCES

1 – Complémentarité des outils

Un précédent ouvrage du même auteur et dans la même collection « Les Essentiels de l'AFATE » proposait une approche nouvelle des bandes de Bollinger. Il montrait également que leur complémentarité avec les bandes de Keltner permettait de valider les mouvements, ces dernières apparaissant comme des filtres de « bull trap » ou de « bear trap ».

Les outils de Fibonacci permettent d'apprécier la profondeur des consolidations en fin d'impulsion ou de mouvement tendanciel, la possibilité de rebond et leur niveau d'ampleur. On a allié en permanence le suivi des mouvements et leurs retournements grâce aux informations délivrées par les chandeliers japonais.

La combinaison de ces deux types d'outils va nous permettre de détecter les démarrages de mouvements tendanciels, d'en gérer les consolidations et de prévoir la fin du mouvement tendanciel.

On utilisera en complément de ces outils les configurations classiques des chandeliers japonais.

La première configuration va permettre d'illustrer la combinaison entre ces différents outils.

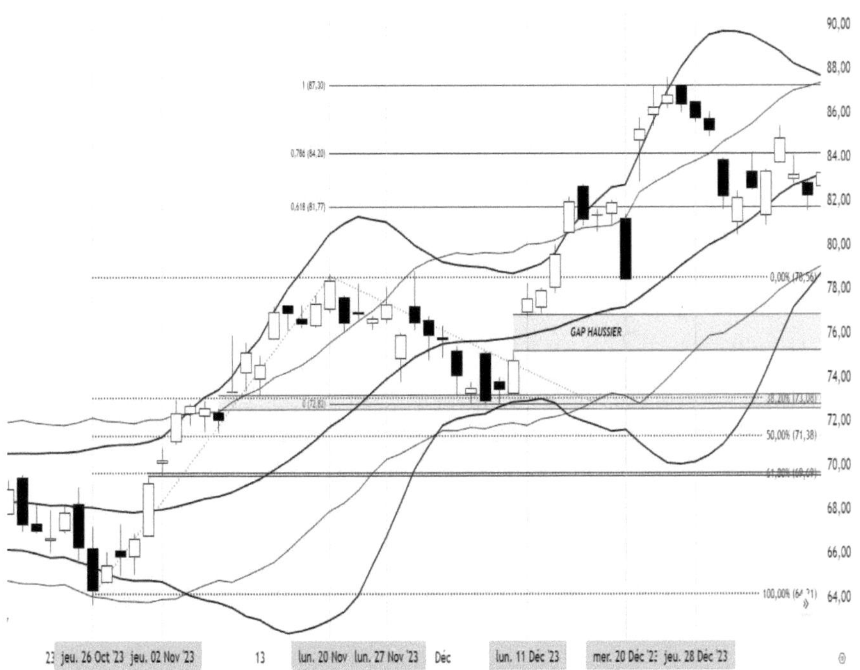

Les cours évoluent en phase 1 (phase de squeeze) jusqu'à la bougie noire du 26 octobre qui clôture sous la bande de Bollinger basse et initie une entrée en phase 2 pour le démarrage d'un mouvement baissier. Il s'agira en fait d'un « bear trap », d'une « feinte de corps », et la bougie du lendemain dessine une figure de retournement en « harami » haussier. Ce mouvement haussier se renforce avec le gap haussier ouvert le 2 novembre qui va conduire le lendemain à la confirmation d'entrée en phase 2 par l'ouverture de la bande de Bollinger haute et la clôture au-dessus de celle-ci. Deux séances d'attente seront nécessaires pour voir la bande de Keltner haute passer sous la Bollinger et confirmer la possibilité de développement d'un mouvement haussier

Le gap haussier suivant, ouvert le 9 novembre, donne une nouvelle dynamique à l'impulsion qui va trouver un plus haut sur 78,56 le 20 novembre. On sent, néanmoins, un fléchissement de la dynamique haussière dans la mesure où :

– Les cours ne tiennent plus le contact avec la bande de Bollinger haute.

– On est passé depuis la séance précédente en phase 3 des Bollinger avec le retournement de la bande opposée au mouvement.

Une figure de retournement en forme « étoile du soir » marque la fin de l'impulsion qui va d'abord casser la bande de Keltner, puis les prix vont entrer le 27 en phase 4 des Bollinger. Ils vont ensuite casser la MM20 puis le gap haussier ouvert le 9 novembre. Ce test correspond au retracement 38,2 % de Fibonacci du rally entre le 27 octobre et le 20 novembre. Dans le même temps, la bande de Keltner est sous la Bollinger et constitue avec le retracement 38,2 % et le gap haussier une zone de support solide. Après 4 séances d'hésitation, un nouveau gap haussier ouvert le 11 décembre relance la tendance haussière. Après passage de la bande de Keltner haute sous la Bollinger, les cours vont – pour peu de temps – clôturer au-dessus de la Bollinger haute.

La bougie du 20 décembre est inquiétante, compte tenu de la taille de son corps noir (forme de « marubozu ») et de la rupture de la bande de Keltner. Cependant :

– La MM20 est préservée, évitant au mouvement de basculer en phase 4 qui marquerait la fin de l'impulsion.

– La clôture se fait sur 78,56 qui est le plus haut atteint par la première impulsion le 20 novembre. C'est un niveau théorique d'achat.

Effectivement, le lendemain, un nouveau gap haussier propulse les cours au-dessus de la bande de Bollinger haute et leur progression va jusqu'au niveau statistique d'extension 1 de Fibonacci qui est, comme on l'a vu aux chapitres précédents, le niveau théorique maximal de la reprise du mouvement après consolidation sur le retracement 38,2 % de Fibonacci.

La consolidation qui suit fait passer le mouvement des prix en phase 3 des Bollinger à partir du 28 décembre, puis en phase 4 après le retournement de la bande de Bollinger haute et la rupture de la MM20.

Cet exemple montre comment suivre et analyser une séquence complète d'impulsions et de consolidations avec les outils que nous avons disséqués dans les chapitres précédents.

2 – Détection du démarrage des tendances

Il s'agit d'un sujet complexe dans la mesure où, quand une impulsion est déclenchée, on ne sait pas d'où viennent les prix et jusqu'où elle peut aller. On a vu, cependant, plusieurs éléments qui permettent de déceler cette phase préliminaire :

a)   Lorsque les cours évoluent dans une tendance, on connaît les figures de retournement des chandeliers japonais qui permettent de marquer que le camp opposé est en train de prendre la main. C'est la première alerte du fait que quelque chose est en train de changer dans le cours de l'actif. Dans la configuration ci-après, la bougie blanche à long corps du 13 octobre est une « englobante ». Elle annonce – peut-être – la fin de la dynamique baissière. Les confirmations viendront de :
– L'ouverture du gap haussier du 24 octobre
– Du franchissement de la MM20, concomitamment au passage en phase 4 des Bollinger.

À ce stade, la tendance baissière est interrompue mais pas encore invalidée. Il faudra savoir si, après une phase de squeeze, les cours repartiront vers le haut ou vers le bas. Dans ce dernier cas, la tendance initiale pourra repartir. Pour suivre et quantifier l'évolution de la situation, nous disposons des retracements de Fibonacci. S'agissant de déterminer la situation par rapport à la tendance baissière, on appliquera les retracements à l'ensemble de celle-ci, soit entre 401,05 et 536,43.

Le mouvement de consolidation de la tendance baissière marque une difficulté à franchir le premier niveau à 38,2 %.

On a même une alerte très sérieuse avec la bougie noire du 3 novembre qui comble le gap haussier du 24 octobre et ouvre un gap baissier. Heureusement, le lendemain, un gap haussier est ouvert, conférant à la bougie du 3 novembre l'appellation de « bébé abandonné », figure ici de retournement haussier.

Il faudra attendre le gap haussier ouvert le 10 novembre avec une bougie blanche à long corps pour franchir la bande haute de Bollinger, la bande de Keltner étant sous la Bollinger. De plus, les cours franchissent en clôture le retracement 61,8 % de Fibonacci de la tendance baissière. Le renversement de tendance est définitivement acquis.

On a un schéma en plusieurs temps :

– **Figure de retournement de tendance**
– **Confirmation de la figure : on est en consolidation de la tendance**
– **Franchissement des retracements de Fibonacci et notamment du 61,8 %**

– Franchissement de la Bollinger haute qui scelle définitivement le sort des baissiers.

b)   Lorsque les cours évoluent sans tendance, ce sont les bandes de Bollinger qui permettront de déceler le démarrage impulsif, comme cela a été vu dans le chapitre concerné et dans la configuration suivante. Suite à un mouvement baissier, les cours vont évoluer à l'intérieur d'un range entre le 6 février et le 15 mars. Le mouvement impulsif est long à se dessiner : l'ouverture de la bande haute de Bollinger met plusieurs séances à permettre aux prix d'évoluer positivement. Il faut vraiment attendre la bougie blanche à long corps du 24 mars pour confirmer la prééminence du camp acheteur puis encore trois séances pour que le mouvement soit validé par le passage de la bande de Keltner sous la Bollinger.

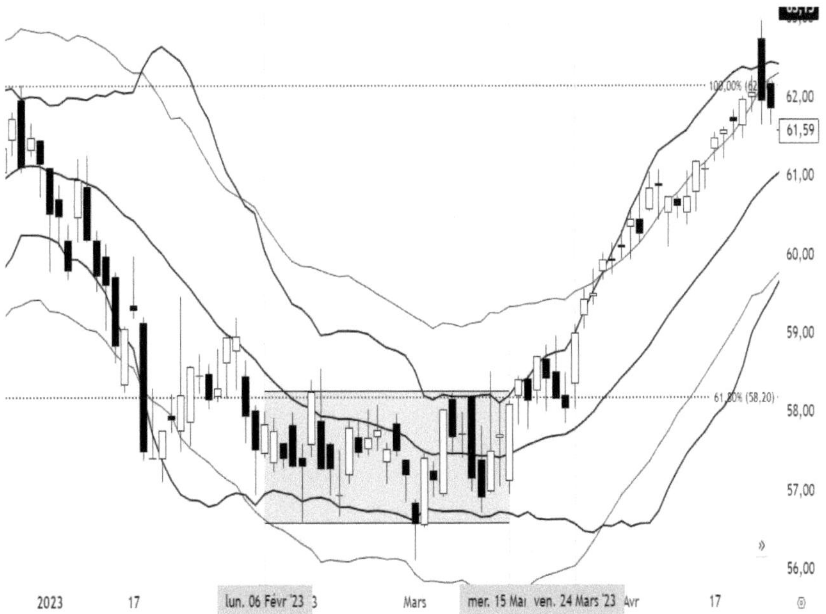

3 – Suivi de tendance : gestion des consolidations

Ce sujet est de la plus grande importance pour l'investisseur. Après être rentré en position en détectant très tôt la naissance d'une tendance et voir sa position progresser, la survenance d'une consolidation va créer une situation d'incertitude. La position va baisser et entraîner pour lui du stress. La question va être de prendre la décision, à un moment donné, de conserver sa position ou de sortir.

3 – 1 Première situation

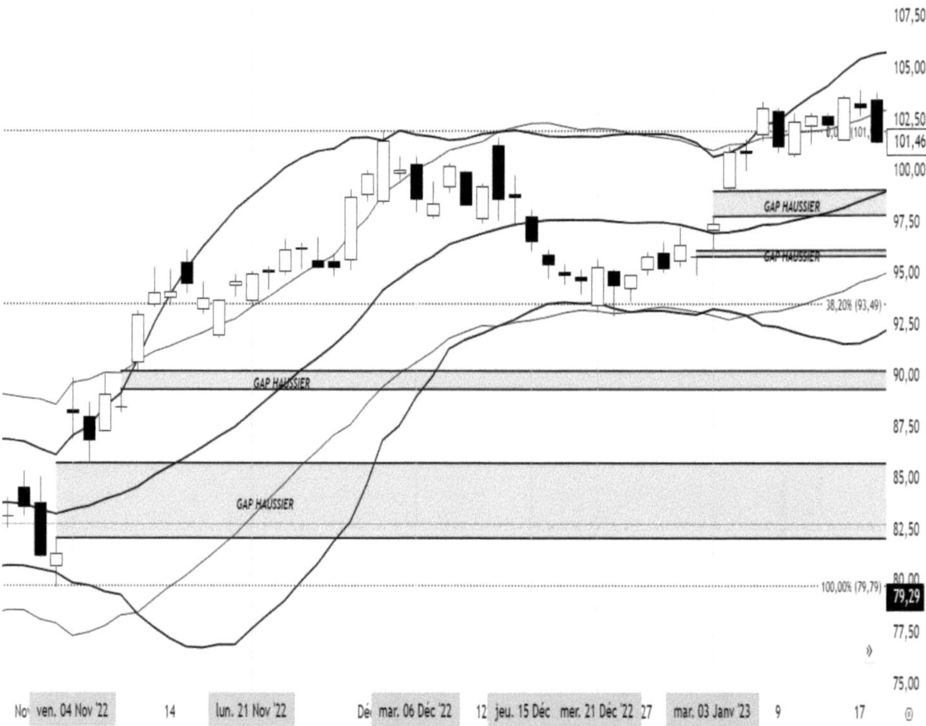

Suite à une période de range, un gap haussier important survient le 4 novembre. Les cours ne parviennent pas à clôturer au-dessus de la bande de Bollinger haute qui s'ouvre car la bande de Keltner est au-dessus de la Bollinger haute. Il faut attendre quatre séances et un nouveau gap haussier pour confirmer le mouvement et le passage de la bande de Keltner sous la Bollinger. Le mouvement haussier se poursuit, et le 21 novembre, les cours passent en phase 3 ; le mouvement perd de sa dynamique : il n'est plus en contact avec la bande de Bollinger haute mais, après un test favorable, demeure au-dessus de la Keltner jusqu'à la bougie noire d'alerte du 6 décembre. À cette date, la bande haute de Bollinger est à plat, montrant qu'il n'y a plus de volatilité résiduelle pour prolonger le mouvement haussier et les prix passent sous la bande de Keltner. L'essoufflement de la tendance est établi. Cela se confirmera les séances suivantes et marquera la fin de l'impulsion. La rupture de la MM20 le 15 décembre légitimerait une sortie de position compte tenu de ce qui a été montré dans le chapitre concerné. Cependant, le mouvement haussier qui a propulsé les cours de 79,79 au sommet à 101,97, correspondant à une progression d'environ 28 % en un mois, consolide mais cette dernière n'a même pas atteint le retracement 38,2 % de Fibonacci. On a vu qu'un mouvement qui consolide sur ce retracement et qui rebondit sur ce niveau est sain et harmonieux. Ainsi, la rupture de la MM20 le 15 décembre marque la fin de l'impulsion démarrée le 4 novembre mais le mouvement, pour le long terme, n'est peut-être pas terminé. Un rebond sur le retracement 38,2 % pourrait signifier la poursuite de la tendance haussière.

Effectivement, le 21 décembre, les cours viennent tester le retracement 38,2 % de Fibonacci. À ce moment, les cours sont en phase de squeeze et la bande de Keltner est sous la Bollinger basse, constituant avec celle-ci une zone de support significative au niveau du retracement 38,2 % de Fibonacci.

Ce sont les deux gaps haussiers ouverts les 3 et 4 janvier qui vont permettre aux prix de franchir d'abord la MM20 puis d'ouvrir la bande de Bollinger haute. Il faudra encore deux séances pour que la bande de Keltner passe sous la Bollinger et permette au mouvement haussier de se déployer.

Cette situation montre que la combinaison des outils de Fibonacci et de Bollinger permet à l'analyste et à l'investisseur de contrôler le mouvement impulsif et le mouvement de consolidation. Ils disposent notamment de deux éléments pour prendre leur décision :

– La sortie de phase 3 et la traversée de la MM20 qui confirment la fin du mouvement impulsif mais pas d'une tendance en cours de plus long terme.
– Le rebond sur le retracement 38,2 % de Fibonacci qui augure bien de la poursuite de la tendance haussière.

Par ailleurs, le choix de rester ou de sortir de position peut dépendre de la stratégie de l'investisseur :

– Soit il cherche à réaliser une opération lui permettant de profiter de la seule impulsion, alors la sortie dès le 6 décembre, après rupture de la bande de Keltner, peut être envisagée.
– Soit il se place dans un contexte de plus long terme en évaluant la capacité du mouvement à rebondir après une consolidation légitime compte tenu de l'évolution des cours sur la période impulsive. Dans ce cas, attendre le comportement des cours sur le retracement 38,2 % de Fibonacci peut être légitime.

La situation aurait même été meilleure si les cours étaient restés au-dessus de la MM20. La présence du retracement 38,2 % sous la MM20 donne une seconde (bonne) chance au mouvement pour rebondir.

3 – 2 : On a vu dans la situation précédente que toutes les conditions étaient réunies à un moment donné pour que la tendance reparte après la consolidation sur le retracement 38,2 % de Fibonacci. Il est **indispensable** que toutes ces conditions le soient pour que le mouvement reparte. Il se produit bien souvent que, lorsqu'une de ces conditions n'est pas réunie, cette dernière constitue le grain de sable dont l'investisseur doit impérativement se méfier, comme dans la configuration suivante.

Une tendance baissière se développe à partir du 15 août. La fin de l'impulsion sera confirmée le 5 octobre avec la fin de la phase 3. Elle suit immédiatement la figure de retournement haussier constituée par le gap ouvert la veille qui confirme le support trouvé sur 275,36. On notera la figure technique des 9 et 12 septembre : gap haussier suivi de deux bougies puis d'un gap baissier qui constituent une « île de renversement » confirmant la reprise de la tendance baissière.

La fin de l'impulsion baissière va amener, quelques séances après le 5 octobre, le franchissement de la MM20 et l'entrée en phase de squeeze. Il faut attendre le 25 octobre avec la clôture au-dessus de la bande de Bollinger haute en phase 2 et le passage de la Keltner sous la Bollinger pour relancer la consolidation. La suite du mouvement est décousue avec une nouvelle rupture de la MM20 le 3 novembre, qui pourrait laisser entrevoir le redémarrage de la tendance primaire baissière, puis la relance de la consolidation avec le gap haussier cinq séances plus tard. Les cours vont ainsi évoluer au contact du retracement 38,2 % de Fibonacci mais, jusqu'au 8 décembre, la bande haute de Keltner demeurera au-dessus de la Bollinger, constituant un obstacle sérieux à une reprise du mouvement haussier. Après le 8 décembre, les prix vont évoluer à l'intérieur d'un squeeze étroit.

Cette situation démontre que :

— Il est malsain qu'une phase de range soit aussi longue. Cela signifie qu'il n'y a pas de dynamique de la force vendeuse qui permettrait à la tendance baissière de reprendre.

— **La reprise d'un mouvement tendanciel après consolidation n'est pas systématique, même lorsque la consolidation ne dépasse pas le retracement 38,2 % de Fibonacci.** Il manque, dans cette configuration, les figures des chandeliers japonais qui montrent fermement la reprise en main par le camp vendeur : c'est le « grain de sable » qui invalide le scénario de la reprise de la tendance de fond. On voit bien, et même avant le 8 décembre, que la reprise de la tendance primaire sera compliquée. Le passage par le squeeze long à partir du 8 février entraîne une forme d'indépendance entre l'impulsion baissière précédente et la suite de l'évolution des cours. Tout se passe comme si les deux camps, acheteur et vendeur, étaient d'accord pour évaluer l'actif autour de la MM20 plate.

— Il faut que la consolidation soit à un niveau faible, soit sur le retracement 23,6 % de Fibonacci, soit en-dessous (soit à la limite de la notion de consolidation), pour que les probabilités de reprise de la tendance après consolidation soient fortes comme dans la configuration suivante :

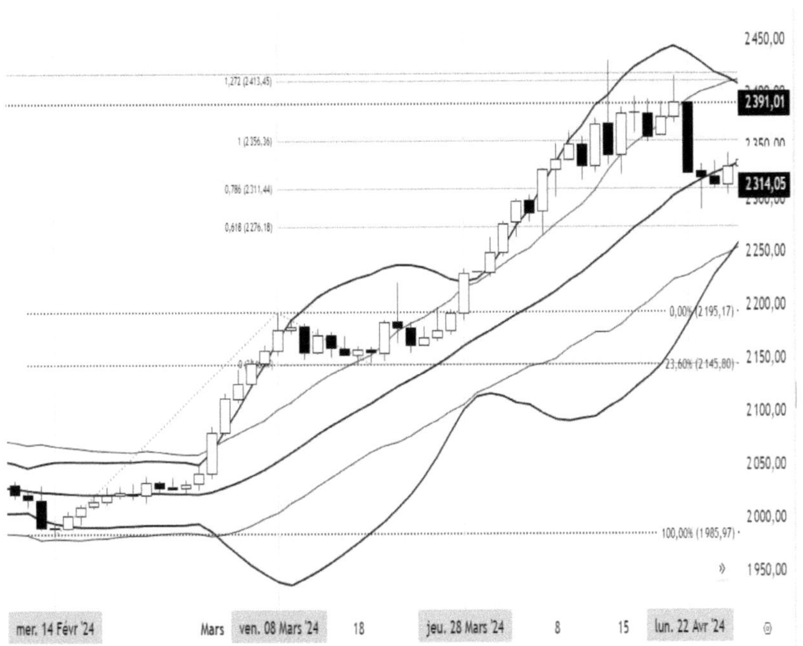

Le mouvement impulsif qui se développe entre le 14 février et le 8 mars consolide sur le retracement 23,6 % de Fibonacci puis rebondit sur ce niveau. Les prix ne traversent pas la MM20, la phase de squeeze suivante est très courte, la bande haute de Keltner ne passe jamais au-dessus de la Bollinger haute. La bougie blanche à corps important du 28 mars confirme la reprise en main du marché de l'actif par les acheteurs en franchissant la bande de Bollinger haute en clôture.

Les prix vont tout d'abord sur l'extension 1 de Fibonacci puis testent l'extension 1,272 avant une nouvelle consolidation qui, elle, cassera la MM20. La bougie noire du 22 avril est un « marubozu » baissier (ouverture au plus haut de la séance et baisse constante jusqu'à la clôture). C'est aussi une « englobante baissière » puissante. Elle acte un retournement, le passage en phase 4 des Bollinger et prépare la rupture de la MM20.

3 – 3 Enchaînement des mouvements impulsifs

Un actif peut développer une tendance longue et enchaîner les mouvements impulsifs comme dans la configuration suivante (les bandes de Keltner n'ont pas été figurées pour ne pas trop charger le graphique).

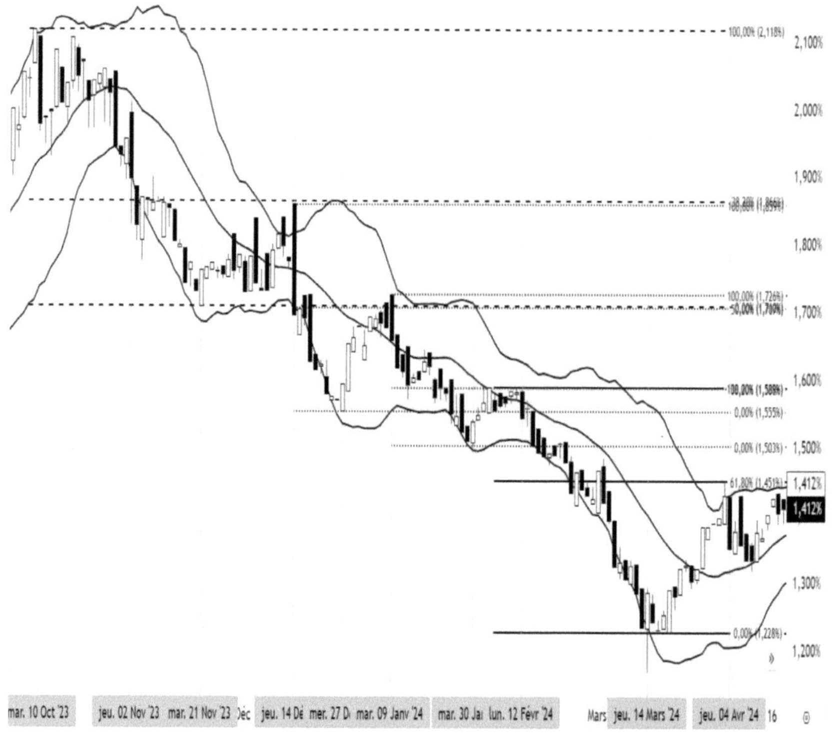

La longue bougie noire du 10 octobre met fin au mouvement haussier précédent et préfigure le mouvement baissier qui sera confirmé par l'ouverture de la bande basse de Bollinger et sa rupture en clôture le 2 novembre. La baisse se poursuit jusqu'au 21 novembre et l'« englobante baissière » du 14 décembre met fin à la consolidation sur le retracement 38,2 % de Fibonacci (dispositif en tirets).

Une deuxième phase impulsive baissière se développera jusqu'au 27 décembre. Elle consolidera jusqu'au 9 janvier sur le retracement 50 % de Fibonacci (dispositif en pointillés).

Une troisième phase baissière se développera jusqu'au 30 janvier puis consolidera sur le retracement 38,2 % de Fibonacci le 12 février (dispositif en pointillés).

Enfin, un dernier mouvement impulsif se terminera le 14 mars et consolidera sur le retracement 61,8 % de Fibonacci (dispositif en traits pleins). Le fait de venir sur un retracement aussi important marque dorénavant une véritable faiblesse de la tendance baissière. Une « englobante baissière », le 4 avril, mettra fin à la consolidation mais les prix ne reviendront même pas sur le niveau de l'origine de la consolidation.

Cette situation montre que tant que les consolidations demeurent « raisonnables », les impulsions peuvent s'enchaîner. Dès que l'on arrive sur le niveau de 61,8 % de Fibonacci, le mouvement a beaucoup de chances de s'essouffler. Il pourra, bien sûr, toujours survenir un évènement lié à l'actif qui relancerait la tendance, mais cela correspondrait à une situation nouvelle liée à cet événement.

On note également que les mouvements respectent bien les niveaux de Fibonacci. Le seul qui s'en écarte légèrement est celui qui s'achève le 9 janvier, mais la bougie de ce jour marque fortement la reprise en main par les vendeurs. La bougie est un « marubozu » baissier et une « englobante baissière » : elle ne laisse aucun doute sur la poursuite du mouvement baissier.

Reprenons maintenant chacune des étapes de la tendance baissière en intégrant les extensions de chacun des mouvements et les bandes de Keltner.

La première impulsion entre le 10 octobre et le 21 novembre consolide sur le retracement 38,2 % de Fibonacci le 14 décembre. La baisse
repart jusqu'à l'extension 0,786 de Fibonacci, niveau statistique suite
au retracement 38,2 %, atteinte le 27 décembre.

On notera que le « marubozu » du 14 décembre ouvre la bande basse
de Bollinger, mais il faudra attendre le passage de la Keltner au-dessus
de la bande basse de Bollinger pour que les prix cassent cette dernière.

La bougie blanche du 27 décembre est également un « marubozu »,
haussier cette fois et une « englobante haussière ». Elle traduit la détermination du camp acheteur pour reprendre le contrôle de l'actif.

Le deuxième mouvement baissier se déroule, pour sa phase impulsive,
entre les 14 et 27 décembre.

La consolidation ira un peu au-delà du retracement 50 % de Fibonacci et la tendance baissière repartira jusqu'au 30 janvier entre les extensions 0,618 et 0,786 de Fibonacci. Le retracement ayant été plus important que lors du premier mouvement, la reprise de la baisse est plus « molle » et met plus de temps pour atteindre son point bas. Cette « mollesse » se retrouve dans la forme des bandes et l'incapacité des prix à casser la bande basse de Bollinger.

L'« englobante » haussière du 30 janvier, figure classique de retournement, mettra fin à l'impulsion.

Le troisième mouvement est certainement le plus spectaculaire.

L'impulsion baissière débute le 9 janvier pour s'achever sur l'« englobante haussière » du 30 janvier. La consolidation prendra fin sur le retracement 38,2 % de Fibonacci, le « marubozu » et « englobante baissière » du 12 février. Le mouvement baissier reprendra son cours, atténué pendant plusieurs séances par la bande basse de Keltner qui est extérieure à la Bollinger, puis de manière plus dynamique à partir du 23 février quand elle passera au-dessus de la Bollinger basse.

Le mouvement atteindra le niveau d'extension un peu exceptionnel de 1,618. Il convient de préciser que des éléments nouveaux (baissiers) concernant l'actif sont venus soutenir la baisse durant la période.

Le dernier mouvement baissier va être le dernier dans la tendance avec sa forte consolidation sur le retracement 61,8 % de Fibonacci.

La phase impulsive se déroule du 12 février au 14 mars et la consolidation prend fin sur le « marubozu » baissier du 4 avril. Les prix vont alors évoluer dans un premier range entre le 4 avril et le 20 mai, les bandes de Keltner étant le plus souvent extérieures aux Bollinger, puis dans un second qui correspond à une vraie phase de squeeze entre le 20 mai et le 7 juin. Les cours franchiront par la suite le retracement 61,8 % de Fibonacci, mettant totalement fin à la tendance baissière.

4 – Fin des mouvements impulsifs

La configuration précédente présente un cas de constatation de fin de mouvement tendanciel.

Après une longue tendance, émaillée de consolidations que l'on aura pu gérer grâce aux outils de Fibonacci, aux phases de Bollinger et aux structures de retournements des chandeliers japonais, le mouvement baissier prend fin du fait :

– D'une dernière consolidation qui doit revenir sur le retracement 61,8 % de Fibonacci dont l'objectif statistique ne dépasse pas le point de départ de la consolidation.

– D'une situation de bandes de Bollinger qui ouvre à des structures de range puis de squeeze. Il n'y a plus de dynamique baissière.

Cette situation illustre une configuration de fin de tendance.

Les outils de Bollinger et Fibonacci permettent de détecter d'autres types de structures de fin de tendance.

D'une manière générale, si à un moment donné on aurait envie de prendre une position de long terme opposée à la tendance primaire, cela signifie qu'on ne considère plus cette tendance primaire comme toujours active.

Ce phénomène va être développé dans les configurations à venir.

4 – 1 La configuration suivante va illustrer le phénomène énoncé supra.

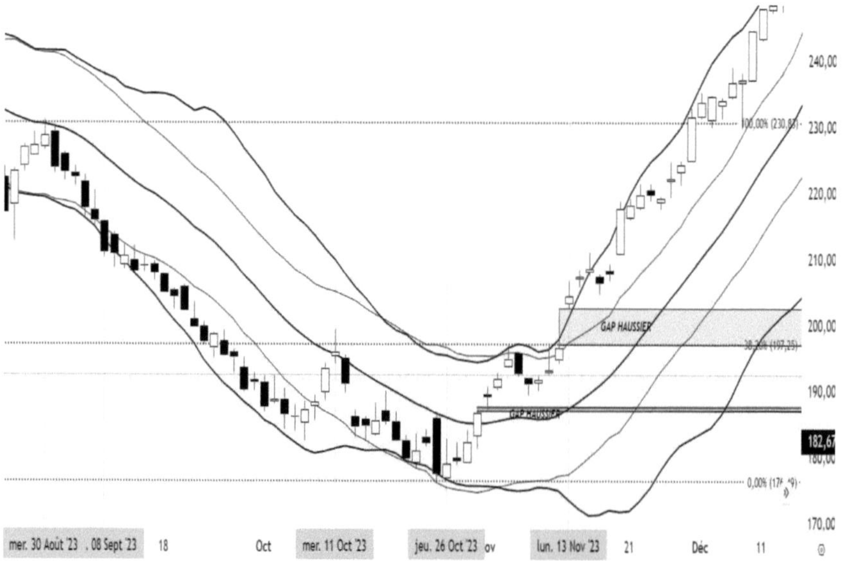

Une tendance baissière démarre le 30 août. Elle est dynamisée par la rupture de la bande de Bollinger basse le 8 septembre. Cependant, une menace survient le 11 octobre avec une bougie qui parvient à franchir la MM20. Elle est invalidée dès le lendemain grâce à une structure de chandeliers japonais qui est une « étoile du soir ».

Un support va être trouvé sur 176,49 et une structure de retournement va se mettre en place qui amène les cours jusqu'au retracement 38,2 % de Fibonacci du mouvement baissier. Ce niveau correspond de plus à l'alerte que l'on a évoquée supra le 11 octobre. Sur cette zone, plusieurs phénomènes vont se produire qui vont amener les investisseurs à préférer prendre une position acheteuse et marquer l'invalidation de la tendance baissière :

– Un gap haussier est ouvert le 13 novembre dont la bougie clôture au-dessus de la bande haute de Bollinger qui est en phase 2. Il correspond au franchissement du retracement 38,2 % de Fibonacci.
– Le 11 octobre, au contact de ce niveau à 197,25, le marché était vendeur. Le 13 novembre, au contact de ce même niveau, le marché devient acheteur. **Quelque chose de fondamental a changé quant au comportement des intervenants.** Ce niveau est un **niveau de polarité** et, à son franchissement, la polarité change : le marché devient acheteur. La tendance baissière est invalidée.

4 – 2 Passage par une phase de squeeze

Après un mouvement directionnel et une des consolidations, le passage par une phase de squeeze – aussi courte soit-elle – marque une forme de déconnexion entre le mouvement précédent et la suite de l'évolution des cours.

Une phase de squeeze marque le passage par un creux de volatilité et correspond à une période d'accord entre les camps acheteur et vendeur quant à la valeur de l'actif.

Cela va être illustré par la configuration suivante :

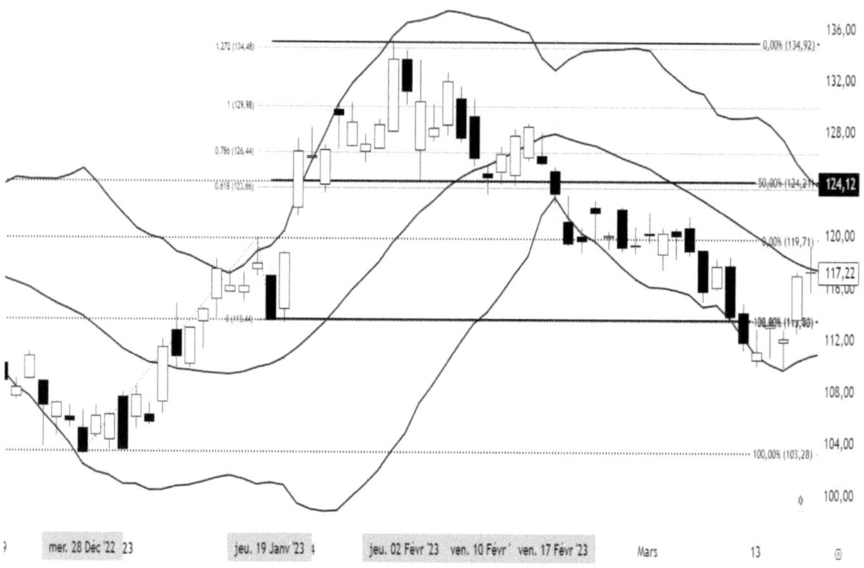

Un mouvement haussier démarre le 28 décembre. Le 18 janvier, les cours ne parviennent pas à franchir la bande haute de Bollinger et la bougie noire du lendemain dessine une « étoile du soir », mais le 20 janvier, les acheteurs reprennent la main, et la séance suivante ouvre un gap qui relance le mouvement haussier. La dynamique est puissante et l'extension 1,272 de Fibonacci sera testée le 2 février. Un « harami baissier » mettra fin à l'impulsion le lendemain et les cours consolideront jusqu'au retracement 50 % de Fibonacci de la dernière impulsion (traits pleins) entre le 20 janvier et le 2 février. Le 10 février, un nouveau test du retracement 50 % sera effectué. Le rebond sera de courte durée : la volatilité, suite au passage en phase 4, est faible et représente un frein à une poursuite haussière. Le 17 février, on passe par une phase de squeeze qui sera ultra courte, et la rupture de la bande basse de Bollinger ouvrira la voie à un mouvement baissier invalidant tout le mouvement haussier démarré le 28 décembre. On peut considérer que la phase de squeeze « rebat les cartes » du combat acheteurs/vendeurs. Le principe de polarité qui avait été décrit dans l'exemple précédent s'applique ici au niveau de 124,12 : celui-ci avait été testé le 3 février avec succès : les acheteurs avaient repris la main. La rupture de ce niveau en clôture du 17 février montre que sur le nouveau test, ce sont les vendeurs qui s'imposent.

Une autre illustration, avec le graphique suivant, peut être donnée.

La tendance baissière qui a débuté le 28 décembre fait une pause à partir du 6 février et les cours évoluent à l'intérieur d'un range entre 56,62 et 58,29 jusqu'au 15 mars. Ce range peut avoir une double signification :

- Soit les « grosses mains » qui dominent le marché commencent à sortir de leur position vendeuse de manière discrète afin de ne pas provoquer une hausse trop rapide qui réduirait leur plus-value de vente ;
- Soit ces « grosses mains » renforcent leur position vendeuse tout aussi discrètement afin de ne pas faire baisser les prix trop rapidement, ce qui leur assurerait un prix de vente moins bon.

Dans le premier cas, le range correspondrait à une « phase d'accumulation » et les prix repartiront vers le haut. Dans le deuxième cas, ce serait une « phase de distribution » et les prix repartiront dans le sens de la tendance primaire. La période de range aura été une phase de consolidation « à plat ».

En la circonstance, le range correspond à une phase d'accumulation. Après la phase de squeeze, au cours des séances précédant le 15 mars, la bande haute de Bollinger s'ouvre, donnant le sentiment que les prix vont repartir vers le haut, et c'est la bougie blanche dynamique du 24 mars qui donne la confirmation. Le mouvement baissier qui avait démarré le 28 décembre est désormais invalidé.

La configuration suivante résume toutes les questions que doit se poser l'analyste et surtout l'investisseur lors d'une consolidation :

– Est-ce une consolidation « naturelle » dans le déroulement d'un processus directionnel ?

– Est-ce la fin de la tendance ?

– Quand dois-je sortir de ma position ? La réponse à cette question dépasse le cadre de cet ouvrage mais c'est celle qui intéresse le plus l'investisseur, et nous donnerons des pistes de réflexion qui permettront à l'investisseur de faire ses choix.

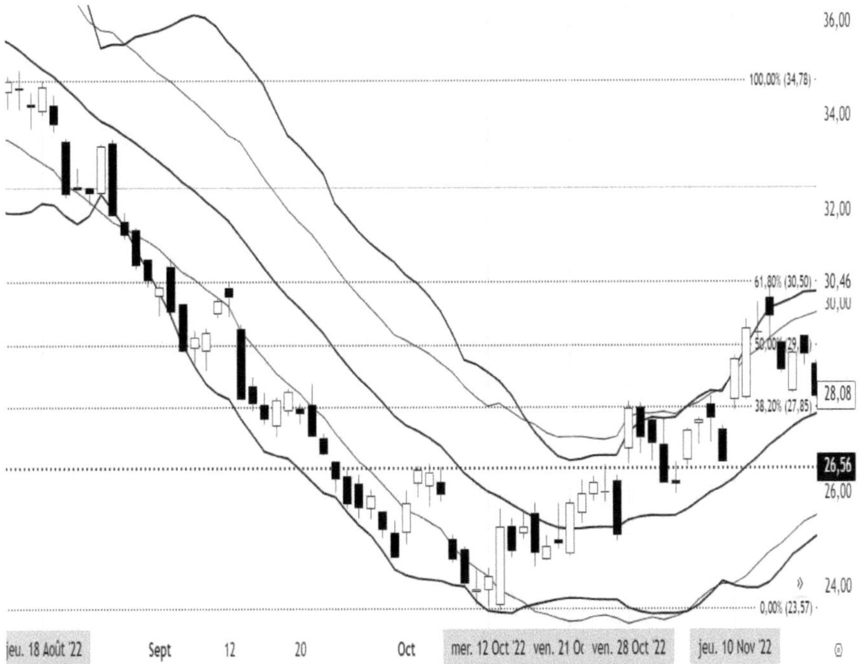

Un mouvement baissier se développe du 18 août au 12 octobre. La mise à plat de la bande basse de Bollinger et la bougie blanche dynamique du lendemain qui est une « englobante haussière » initient la consolidation. Le franchissement de la MM20, le 21 octobre, fait entrer les prix en phase de squeeze. Cette phase est toujours un moment d'incertitude quant au sens du mouvement à venir. Une rupture de 23,57, point bas de la bougie du 12 octobre, relancerait le mouvement baissier. Un passage en phase 2 des Bollinger et une clôture au-dessus de la bande haute (avec une Keltner sous la Bollinger) lancerait un mouvement haussier. Or, le 28 octobre, un gap haussier accompagné d'une bougie blanche amène au test du retracement 38,2 % de Fibonacci de tout le mouvement baissier. Cette bougie est forcément source de stress pour l'investisseur et d'incertitude pour l'analyste. La bande de Keltner étant extérieure à la Bollinger haute, le lancement d'un mouvement haussier n'est pas validé.

Les cours vont demeurer plusieurs séances autour de 26,56 qui est le dernier sommet dans la phase baissière. Ce niveau est important du fait du principe de polarité que l'on a déjà évoqué infra. Le 10 novembre, un gap haussier est ouvert, accompagné d'une bougie blanche significative qui propulse les cours au-dessus de la bande de Bollinger haute à un moment où la bande de Keltner vient de passer sous la Bollinger. On n'a pas atteint le retracement 50 % de Fibonacci mais la tendance baissière est invalidée.

Cet exemple montre l'importance – pour l'analyste comme pour l'investisseur – du retracement 38,2 % de Fibonacci. **Les mouvements « harmonieux » ont tendance à retracer sur ce niveau. Il ne correspond pas à une notion d'invalidation mais l'auteur considère qu'un mouvement tendanciel qui retrace au-delà de ce niveau met l'investisseur dans une situation d'incertitude.**

5 – Rappel : convergence avec les niveaux de supports/résistances

Le sujet a été peu évoqué depuis le début du chapitre pour se concentrer sur le sujet principal. Il est **indispensable** de tracer les supports et résistances dans la zone de prix étudiée car ils vont forcément interférer avec la marche des prix.

Cet aspect majeur est illustré par la configuration suivante, en données hebdomadaires.

Les cours évoluent dans un range durant environ un an entre le 27 juillet 2020 et le 26 juillet 2021 et entre 73,84 et 99,73.

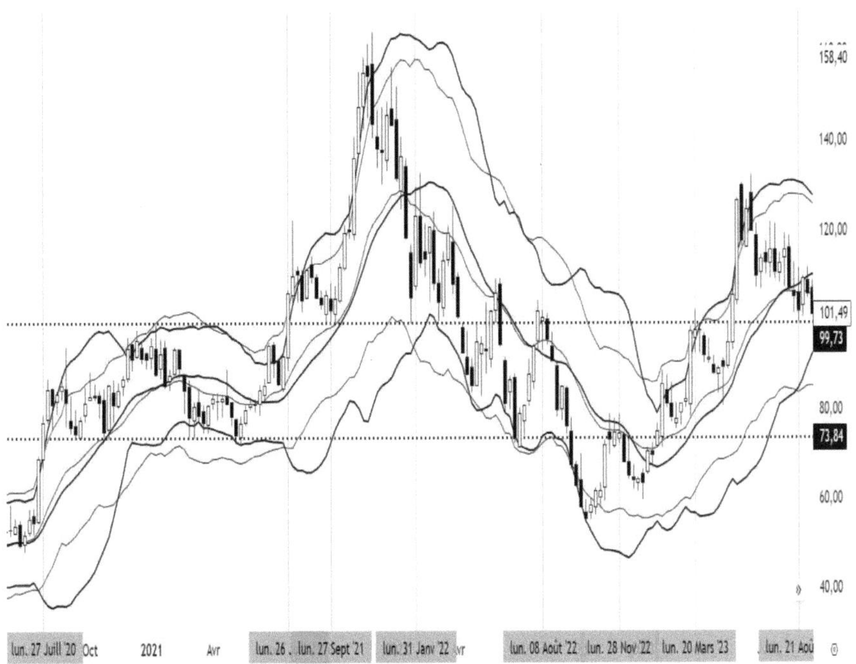

La sortie haussière du range sera suivie d'un retest de 99,73 fin septembre 2021. La fin du mouvement haussier (à 158,40) sera suivie d'une consolidation qui reviendra retester ce niveau fin janvier 2022 avant un rebond. Dans tous les mouvements futurs, ce niveau sera retesté, comme le 8 août 2022, le 20 mars 2023 et le 21 août. Il en sera de même pour le niveau à 73,84 testé en juillet 2022 et en novembre 2022.

Détaillons les différentes séquences en données quotidiennes. Une première impulsion est donnée le 19 juillet 2021 qui s'achève avec la bougie noire de retournement du 5 août. Après hésitations, la consolidation va se terminer sur le retracement 61,8 % de Fibonacci qui est quasiment confondue avec le support à 99,73.

Il est clair que la convergence des niveaux a été un facteur de test et d'hésitations de la part du marché.

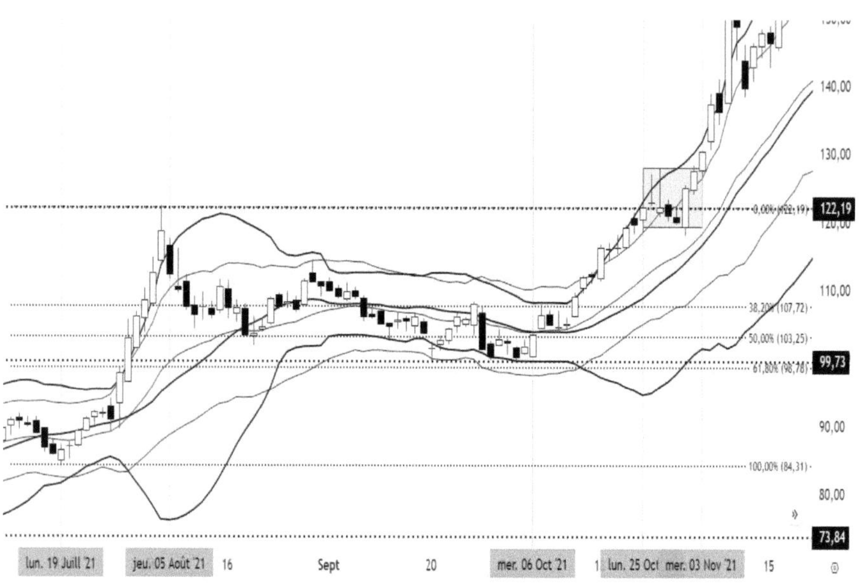

Lors de l'impulsion suivante, démarrée sur 99,73 et la bougie blanche du 6 octobre, le mouvement impulsif marquera une hésitation sur la résistance à 122,19 qui avait déjà arrêté les cours le 4 août 2021. Il faudra attendre la bougie blanche du 3 novembre pour sortir du range d'hésitation (en grisé sur le graphique) et relancer la pression du camp acheteur.

Par la suite (graphique suivant), le grand mouvement baissier démarré le 30 novembre 2021 prend fin sur le test du niveau à 99,73, avant que le gap haussier ouvert le lendemain et la bougie blanche à long corps n'actent le retournement qui va chercher le retracement 50 % de Fibonacci confondu avec la résistance à 132,17, niveau déjà testé le 14 décembre et autour du 13 janvier. Là aussi, la convergence entre un niveau de Fibonacci et un niveau technique important anticipe que quelque chose d'important devrait se produire. Ce sera un retournement avec une « étoile du soir » qui ramène les cours sur le support à 99,73 le 9 mars avant un nouvel échec le 30 mars sur la résistance à 132,17.

La dernière séquence débute le 4 août 2022 avec l'échec des cours sur la zone de résistance 99,73/104,17. La consolidation qui suit connaîtra un premier arrêt sur le support à 79,48, déjà testé le 17 juin précédent, puis repartira jusqu'au 13 octobre. La consolidation qui suivra sera limitée par la convergence : retracement 50 % de Fibonacci et résistance à 79,48 le 16 novembre. Les prix reviendront sous la bande de Bollinger haute. Les cours évolueront entre ce niveau et le support à 73,84 avant que les vendeurs ne reprennent la main.

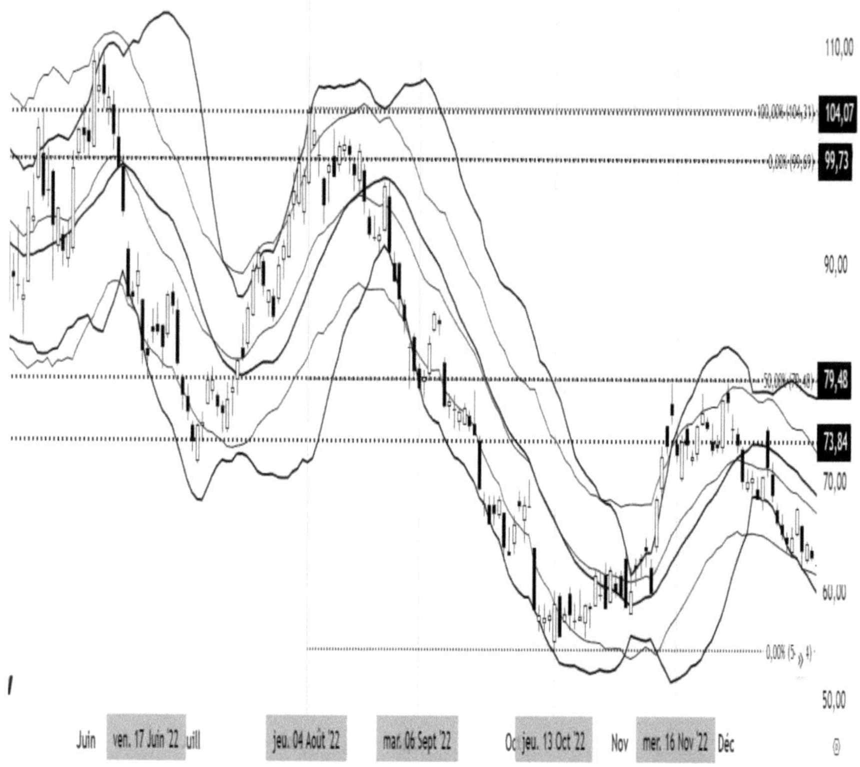

En conclusion, on voit que les convergences entre les niveaux de Fibonacci, les bandes de Bollinger et les niveaux techniques sont fréquentes. Ces derniers devront être en permanence tracés et surveillés.

On note cependant que la convergence d'un support ou d'une résistance avec un niveau de retracement ou d'extension de Fibonacci renforceront le poids de ce support ou cette résistance.

CHAPITRE 4

UTILISATION DES NOMBRES DE FIBONACCI POUR DÉTECTER LES FIGURES HARMONIQUES

1 – Définition des figures harmoniques

Les « figures harmoniques » sont des structures complexes – mais organisées – qui utilisent généralement quatre mouvements de prix. Ces mouvements respectent entre eux des rapports et des conditions qui font référence aux nombres de Fibonacci.

Elles forment des modèles de figures géométriques, généralement en quatre temps, qui utilisent les nombres de Fibonacci pour identifier des dynamiques de prix, des changements de tendance. Elles traduisent la psychologie (organisée) des camps acheteur et vendeur.

Elles ont été mises à jour par H.M. Gartley en 1932. Cependant, ce dernier ne mentionnait pas les nombres de Fibonacci dans ses observations. Il a fallu Scott Carney à partir de la fin des années 1990 pour affiner les travaux de H.M. Gartley et introduire retracements et extensions de Fibonacci.

Scott Carney a défini et nommé certaines figures harmoniques qui seront analysées dans les pages suivantes. Ces structures cycliques des prix respectent des conditions bien définies de relation entre les différents mouvements ; elles s'inscrivent dans le cadre des nombres de Fibonacci.

On a vu dans les chapitres précédents la relation entre un mouvement directionnel et sa consolidation avec les retracements de Fibonacci. On a vu également, suite à la fin de la consolidation et au redémarrage de la tendance initiale, la relation avec les extensions de Fibonacci.

Avec les figures harmoniques, on étend l'approche à des structures cycliques plus complexes. Comme souvent, les mouvements des prix vont respecter les nombres de Fibonacci.

L'objectif est de déterminer des points de changement de maîtrise du marché entre les camps acheteur et vendeur afin de proposer des points d'entrée possibles. Comme toujours, ces points devront être validés, notamment par des structures de retournement en chandeliers japonais ou d'autres éléments de l'analyse technique comme les volumes.

Ces structures comportent généralement quatre ou cinq points. C'est sur le dernier point que se déterminera le sens de sortie des prix.

Nous verrons que ces figures harmoniques peuvent se développer en structures à sortie haussière ou baissière. De nombreuses structures harmoniques existent. Nous allons nous limiter ici à celles – classiques – que l'on retrouve souvent et qui donnent de bonnes statistiques de réussite (selon leurs auteurs).

2 – Figure harmonique « chauve-souris » (Bat pattern)

Il s'agit d'une structure en cinq points dénommés XABCD, comme sur les figures suivantes.

Ce modèle est, selon Scott Carney, celui qui fournit le taux le plus élevé de succès dans sa sortie. La figure est décrite dans la configuration suivante. Sa sortie est (théoriquement) haussière.

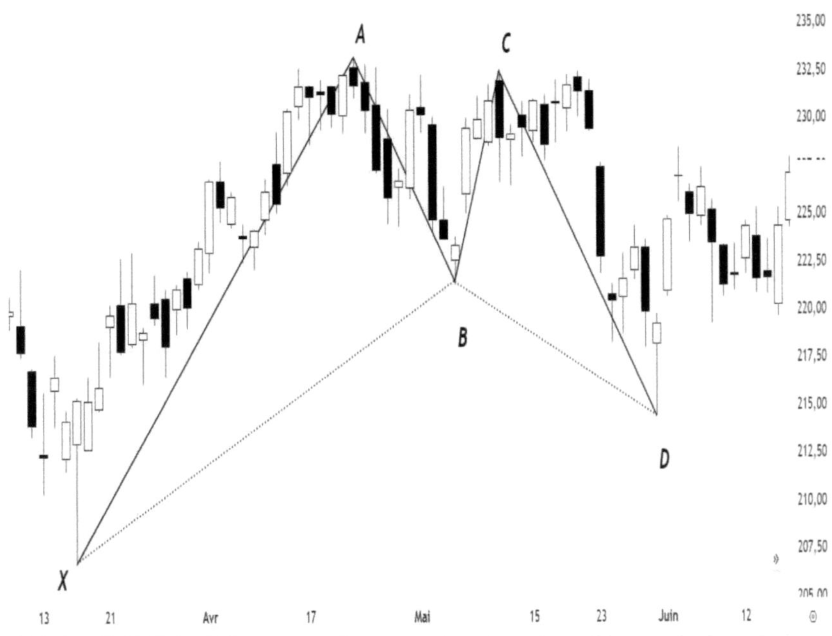

Le rally XA consolide jusqu'au point B. Le mouvement de consolidation AB doit se situer entre les retracements 38,2 et 50 % de Fibonacci.

Le mouvement de reprise BC doit correspondre à un retracement de 38,2 à 88,6 % du mouvement AB.

Le mouvement CD est une extension de 1,618 à 2,618 du mouvement AB.

Le point D est alors un point d'inversion du contrôle du marché, ici un point théorique d'achat.

On voit, dans le graphique ci-après, que le point B correspond bien à un retracement compris entre 38,2 et 50 % de Fibonacci :

Le mouvement BC correspond à un retracement du mouvement XA (repris sur la figure suivante au niveau du point B) compris entre 38,2 et 50 % de Fibonacci.

Enfin, le mouvement CD est très proche de l'extension 1,618 de Fibonacci du mouvement AB, comme indiqué dans la figure ci-dessous, avec le mouvement AB tracé à partir du point C.

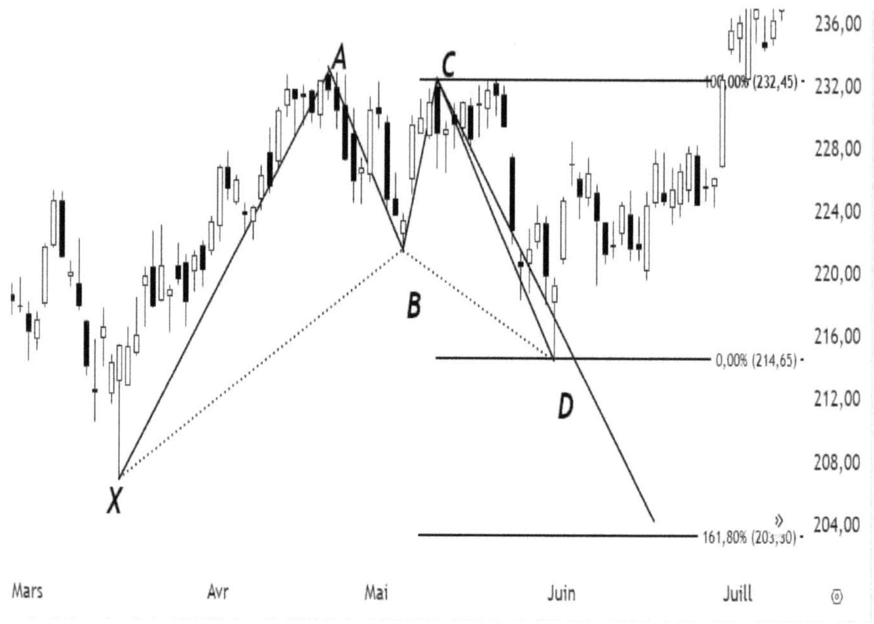

Ainsi, le mouvement XABCD respecte les conditions énoncées par Scott Carney pour valider une figure harmonique de « chauve-souris ».

Le point D est en théorie un point d'achat. La longue mèche basse de la bougie testant le point D, suivie d'un gap haussier, confirment la reprise en main par le camp acheteur. L'objectif est alors la résistance représentée par le point C à 232,45.

La figure ci-dessous montre les caractéristiques générales admissibles d'une « chauve-souris » à sortie haussière » :

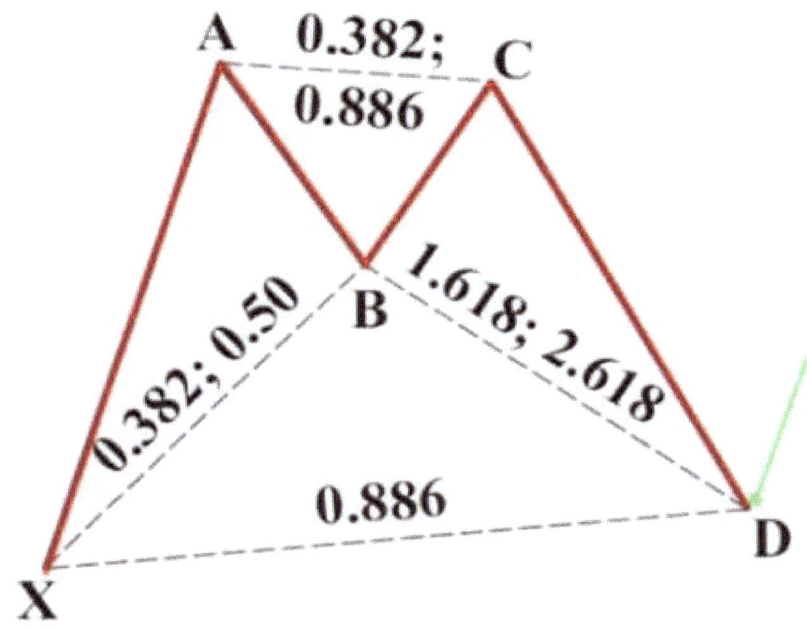

La figure suivante présente une « chauve-souris » à sortie baissière en D.

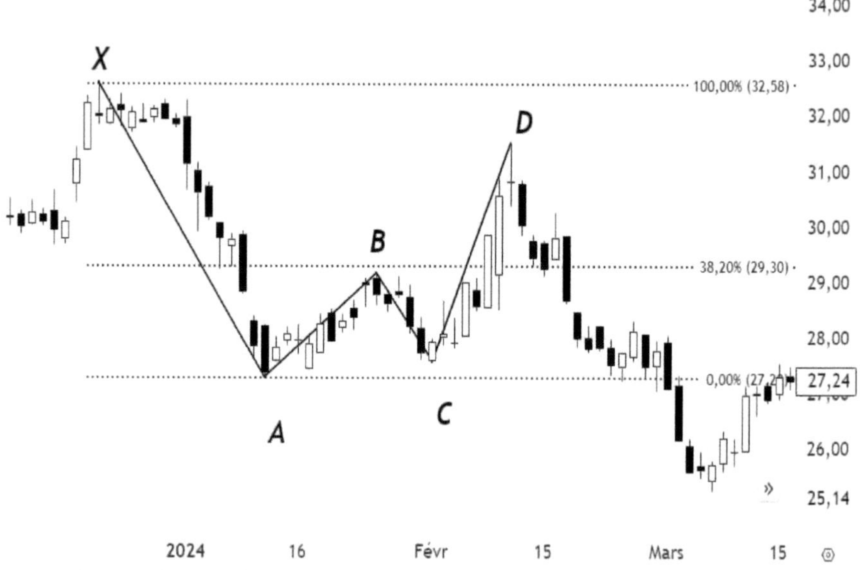

Le mouvement AB est un retracement 38,2 % de Fibonacci comme visualisé sur le graphique.

Le mouvement BC est ici un retracement 38,2 % de Fibonacci.

Le mouvement CD est un retracement pouvant atteindre 88,6 % de XA dans le sens opposé.

Le point D est un point théorique de vente. L'objectif sera le niveau du point C puis du point A. On notera le retournement très clair au point D avec une figure de retournement en chandeliers japonais qui est une « étoile du soir ».

La figure ci-dessous montre les caractéristiques générales admissibles pour une « chauve-souris » à sortie baissière.

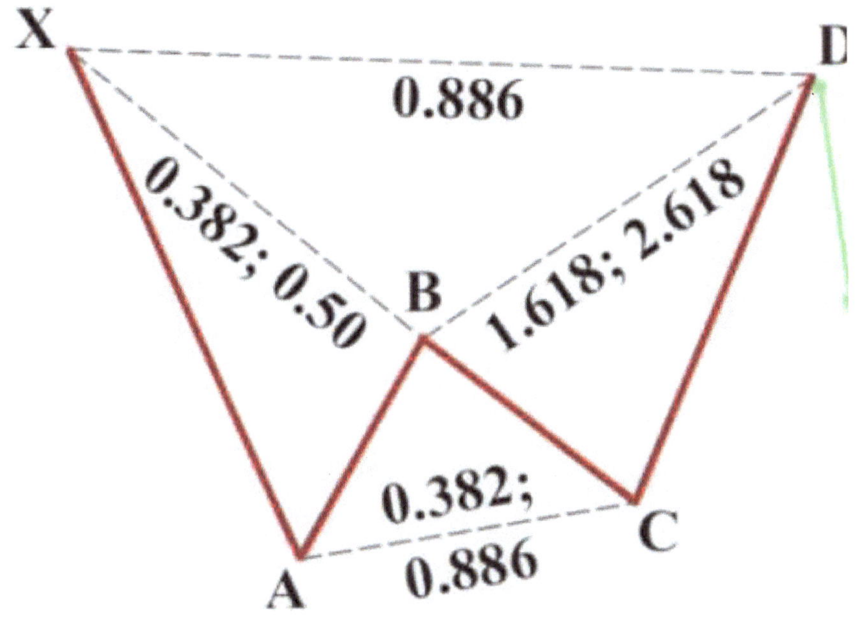

3 – Figure harmonique « Gartley »

Elle se rapproche de la figure « chauve-souris ». La différence déterminante est la position du point B. Dans le cas du Gartley, le point B correspond au retracement 61,8 % de Fibonacci de XA au lieu de 38,2 % dans le cas de la figure « chauve-souris ».

Le mouvement BC représente 38,2 % ou 88,6 % de AB.

Le mouvement XD représente le retracement 0,786 du mouvement XA.

La configuration suivante présente un exemple de Gartley haussier.

Le point B correspond bien au retracement 61,8 % de Fibonacci de XA et le point D est sur le retracement 78,6 % de Fibonacci de ce même XA. Le point D est un niveau théorique d'achat avec comme objectif le niveau du point C à 150.

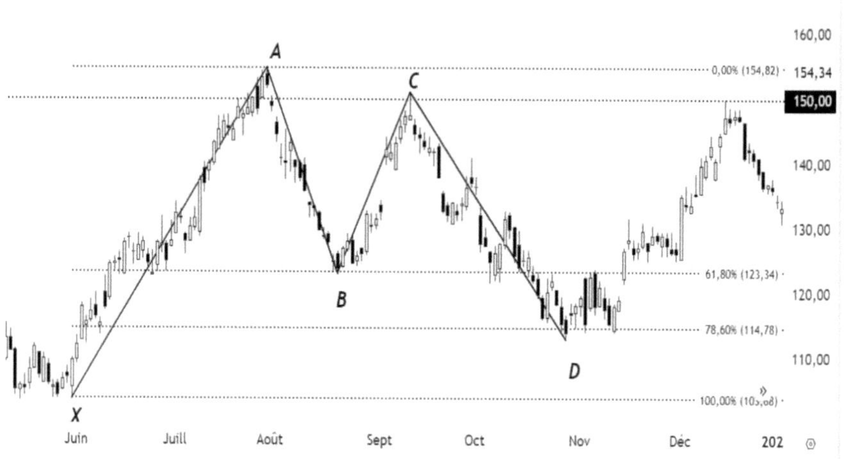

Cette structure est cohérente avec les objectifs statistiques de retracements et d'extensions de Fibonacci.

Le rebond au point B sur le retracement 61,8 % de Fibonacci de XA ne permet pas de revenir jusqu'au niveau du point A et la relance baissière à partir de C ne permet pas un retour jusqu'au niveau du point X. Le point D représente ici l'extension 1,272 de BC. Il aurait fallu atteindre l'extension 1,628 pour revenir dans la zone du point X.

Le schéma ci-dessous donne les principales caractéristiques des Gartley haussier et baissier.

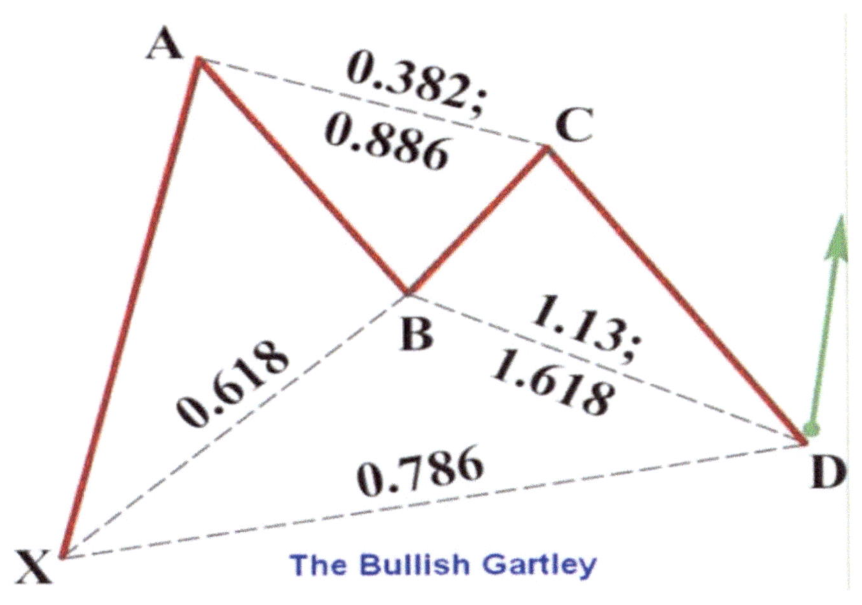

A
0.382;
0.886
C
B
1.13;
1.618
0.618
0.786
X
D
The Bullish Gartley

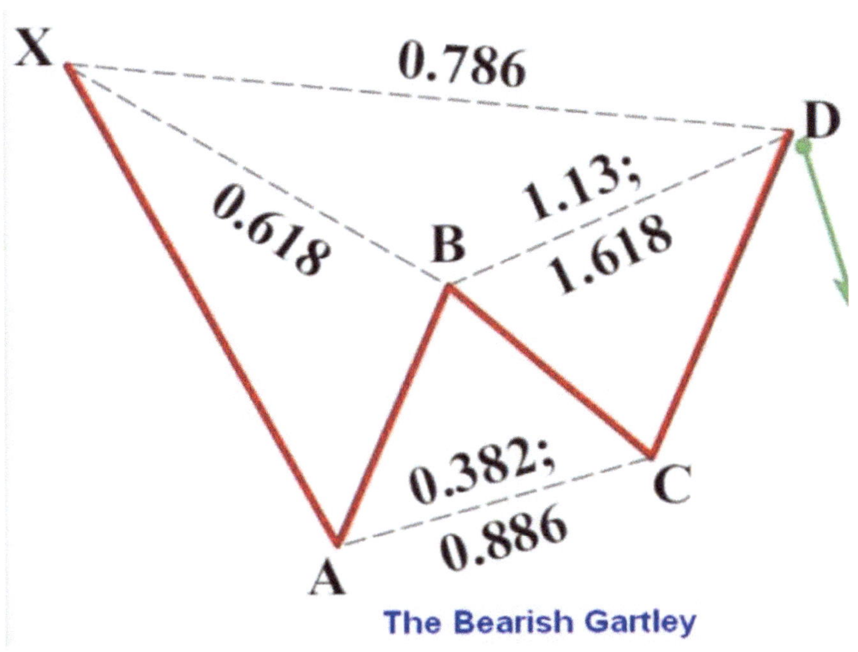

X
0.786
D
0.618
B
1.13;
1.618
0.382;
0.886
C
A
The Bearish Gartley

4 – Figure harmonique « crabe »

Elle a été mise à jour par Scott Carney en 2000. Elle est considérée comme une structure très précise par son auteur. Elle fournit des niveaux d'inversion de prix très cohérents avec les retracements et extensions de Fibonacci.

Comme les précédentes, c'est une structure en cinq points XABCD et quatre mouvements des prix.

Le mouvement AB retrace XA entre les niveaux 38,2 et 61,8 % de Fibonacci.

Le mouvement BC correspond à 38,2 ou 88,6 % du mouvement AB.

Le mouvement CD correspond idéalement à une extension de 224 à 368,1 % du mouvement BC avec un maximum qui est une extension 1,618 de XA.

La configuration suivante illustre cette figure.

Le mouvement AB retrace sur le 61,8 % le mouvement XA. Le mouvement BC revient en dessous du point A et le point D correspond assez exactement à l'extension 1,618 de XA. C'est un point théorique de retournement de tendance. La bougie du lendemain est une englobante haussière qui confirme le retournement. L'objectif théorique est le niveau du point C. Cependant, des résistances importantes se trouvent sur le chemin. La première importante est à 27,00, niveau correspondant au point X. Il faudra cinq séances pour la franchir. La suivante est la zone 29,35/30 : les cours ne pourront pas la franchir.

Le schéma ci-après montre la structure des figures harmoniques « crabe » haussières et baissières.

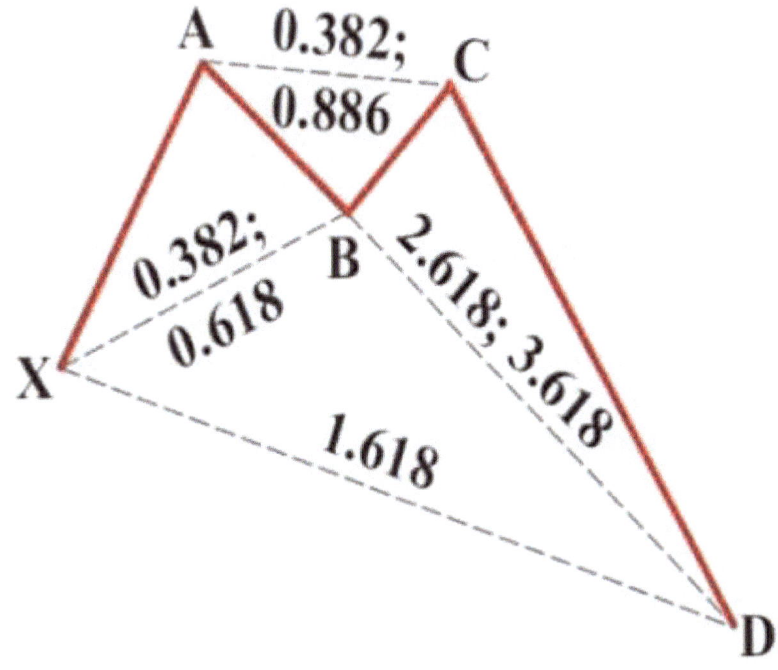

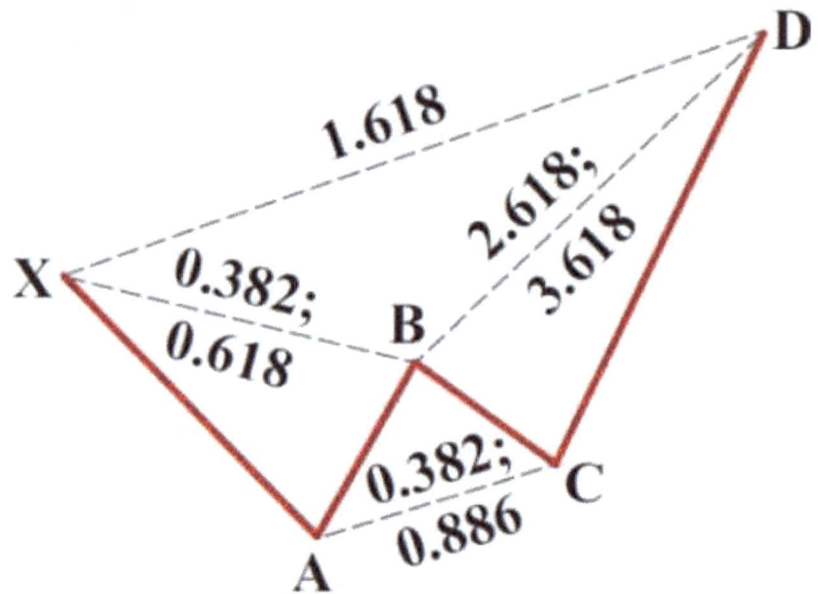

5 – Figure harmonique « papillon » : « Butterfly »

Cette structure a été mise à jour par Bryce Gilmore. Scott Carney a précisé la figure en définissant les relations entre les mouvements avec les nombres de Fibonacci.

C'est une structure comparable au « Gartley » avec un mouvement AB qui retrace XA sur le 0,786. On a vu que ce retracement est peu utilisé dans la mesure où lorsque l'on dépasse le 0,618, on a une forte probabilité de revenir au point de départ de l'impulsion.

Par ailleurs, le mouvement BC retrace AB de 38,2 ou 88,6 %.

CD doit correspondre à une extension 1,618 de AB si ce dernier a retracé XA sur le 38,2 % ou 2,618 si AB a retracé XA de 88,6 %. On prendra pour repère que CD doit correspondre à l'extension 1,272 de XA.

La configuration suivante donne un exemple de « papillon » :

On retrouve bien les différents éléments qui différencient cette figure des autres, notamment du « Gartley » :

– AB retrace XA de 0,786

– CD est une extension 1,272 de XA

D est un point théorique d'achat avec comme objectif le point C qui est finalement atteint… mais la route a été longue ! En particulier le rebond sur le point D n'est pas franc et met du temps à se concrétiser.

Le schéma suivant détaille les structures « papillon » haussière et baissière.

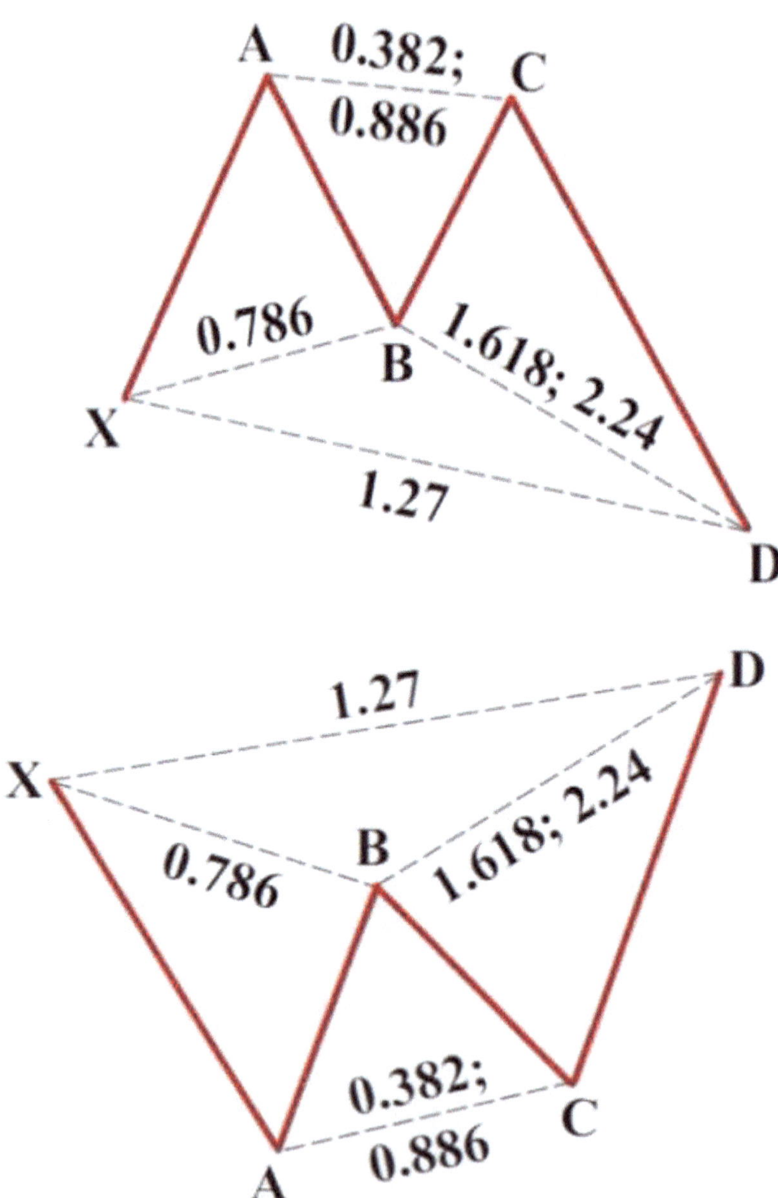

A
0.382;
0.886
C
0.786
B
1.618; 2.24
X
1.27
D
D
1.27
X
B
0.786
1.618; 2.24
0.382;
0.886
C
A

6 – Figure harmonique AB = CD

Il s'agit d'une figure en quatre points. Le premier mouvement AB est retracé puis un second mouvement CD complète la figure.

Idéalement, le mouvement BC doit retracer le mouvement AB entre les 61,8 et 78,6 % de Fibonacci. Le mouvement CD peut être égal à AB mais aussi à des extensions plus importantes 1 272 ou 1 618.

La figure suivante présente un exemple d'un AB = CD baissier au point D avec un objectif théorique au niveau du point C :

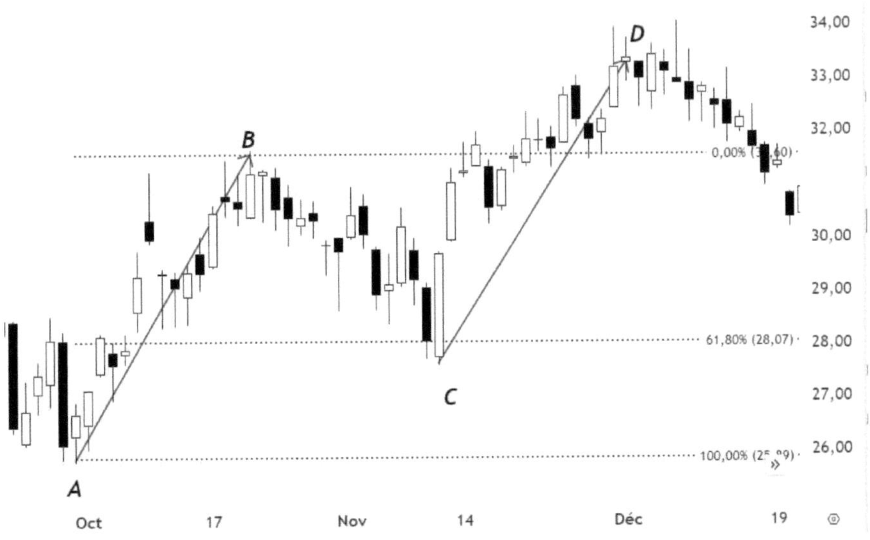

On notera que cette figure harmonique traduit une force plus importante que celle issue de la statistique présentée dans la première partie de l'ouvrage qui donnait comme objectif principal de rebond, après retracement sur le 61,8 % de Fibonacci, le niveau de départ de la consolidation qui est le point B. On voit néanmoins que les cours ont marqué de l'hésitation en revenant sur la zone des 31,60, niveau du point B. Suite à son franchissement, la zone du point D montre rapidement le risque de retournement baissier, conséquence d'une structure de chandeliers japonais qui est un « sommet en pince », avec des bougies présentant des mèches hautes significatives.

Les schémas ci-après donnent les principales caractéristiques des AB = CD haussiers et baissiers.

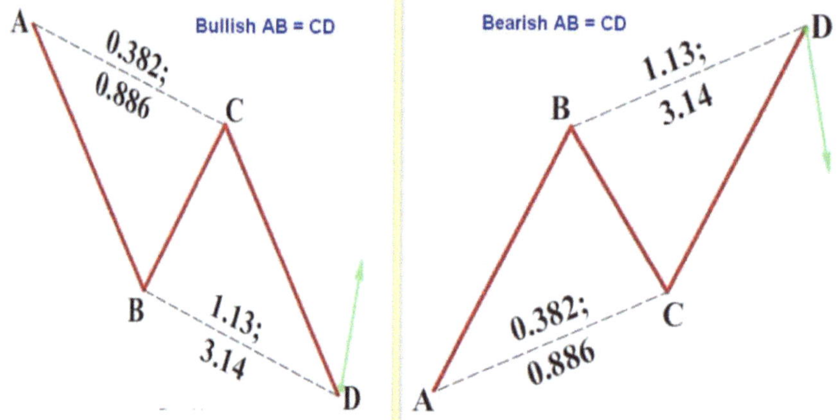

7 – Conclusion sur les figures harmoniques

Tout d'abord ont été présentées ici 5 structures parmi les plus connues. Il en existe bien d'autres.

Scott Carney a été cité à plusieurs reprises : c'est lui qui a le premier et certainement le mieux étudié ces structures en relation avec les nombres de Fibonacci.

On remarquera que celles qui exploitent les nombres les plus forts, à savoir 0,382, 0,618, 1, 1,272 et 1,618 sont celles qui donnent les meilleurs résultats. Le « papillon » qui exploite le retracement 0,786 de Fibonacci est plus controversé.

Celles qui exploitent des consolidations sur le retracement 38,2 % de Fibonacci, comme le « crabe », donnent les figures en chandeliers japonais les plus orthodoxes.

On retrouve avec ces figures le combat permanent entre les camps acheteur et vendeur et la relation entre les mouvements boursiers et les nombres de Fibonacci.

La psychologie des marchés, illustrée par sa relation avec les nombres de Fibonacci, est la raison qui fait que ces structures fonctionnent.

Elles se ressemblent en apparence (mis à part AB =CD) mais on aura pu **noter l'importance du point B qui représente le premier retracement.** Selon qu'il corresponde à un retracement faible (38,2 %) ou plus fort (61,8 %, 78,6 % ou le très rare 88,6 %), la force de la figure en sera affectée.

Ce point B est celui qui différencie par exemple un « Gartley » d'une « chauve-souris ».

On a vu dans le premier chapitre de l'ouvrage qu'il était possible d'intervenir en Bourse sur le point B, notamment en cas de rebond sur le retracement 38,2 %. Cependant, il a été indiqué que les objectifs du rebond n'étaient pas assurés. Les figures harmoniques se placent dans ce contexte où le rebond sur le point B ne conduit pas à l'objectif défini statistiquement. **Le schéma psychologique du marché est alors plus complexe et il faut se tourner vers ces figures harmoniques pour échafauder d'autres scénarios**. C'est en cela qu'elles sont d'un grand secours pour l'analyste comme l'investisseur.

La lecture du marché grâce aux chandeliers japonais est également déterminante pour aborder la question avec de réelles chances de succès. On a vu dans les pages précédentes que la **qualité des figures de retournement au point D était fondamentale**. En particulier le rebond faible dans la configuration du « papillon » ne permet pas à l'investisseur de prendre une décision d'achat alors que celui du « crabe » avec une orthodoxe « étoile du soir » est de nature à le rassurer.

CONCLUSION

Les outils de Fibonacci continuent de m'impressionner. La « découverte » du « nombre d'or » fait – pour l'auteur – encore partie des mystères du monde. Son influence est grande, comme en témoignent les nombreux exemples dans différentes disciplines qui ont été donnés au cours de l'ouvrage.

Faute d'en connaître les réponses, nous nous sommes attachés à en expliquer les exploitations possibles en Bourse.

Elles sont nombreuses et apportent des réponses fiables dans bien des situations.

Les outils de Fibonacci se conjuguent avec d'autres outils de l'Analyse Technique, comme cela a été illustré dans le chapitre 2 de l'ouvrage.

Un intérêt a été aussi démontré de la conjugaison avec les bandes de Bollinger et de Keltner.

Celle-ci donne à l'investisseur un véritable guide et un tableau de bord lui permettant de comprendre l'état des marchés, le contrôle et les risques inhérents à sa position.

Ces outils permettent de gérer les différentes phases d'un mouvement :

– Le démarrage, analysé en fonction de ce qu'il s'était passé précédemment ;
– Le développement de la tendance en expliquant les phases (naturelles) de consolidation et en donnant à l'investisseur les éléments lui permettant de prendre les décisions concernant sa position ;
– Les fins d'impulsion ou les fins de tendances.

À ces outils, l'auteur a fait très souvent référence aux messages délivrés par les chandeliers japonais, individuellement (bougies d'alerte) et aux structures de bougies qui renseignent sur le rapport de force entre les camps acheteur et vendeur.

L'approche choisie par l'auteur s'inscrit dans le cadre de la collection « Les Essentiels de l'AFATE » mais s'adresse, au-delà de l'analyse, à l'investisseur. Sans rentrer dans les techniques d'investissement, le but était d'aborder des sujets d'analyse technique avec l'esprit plus dynamique et concerné qu'est celui de l'investisseur avec ses espoirs, ses craintes et son stress, notamment aux moments cruciaux où des choix drastiques se présentent à lui.

Un des fils directeurs du livre était de donner à l'investisseur les outils lui permettant de faire ces choix importants.

Du même auteur

Dans la collection « Les essentiels de l'Afate » :

Les chandeliers japonais, 2024

Les bandes de Bollinger, 2024

Dans la collection « Les Pros de l'Éco » :

Le pouvoir d'Ichimoku, 2023

TABLE DES MATIÈRES

Daniel Cohen de Lara
LES CHANDELIERS JAPONAIS
Les essentiels
de l'afate
association française
des analystes techniques
JDH
ÉDITIONS

Suivez **JDH Éditions** sur les réseaux sociaux
pour en savoir plus sur les auteurs,
les nouveautés, les projets…

Inscrivez-vous à notre Newsletter sur
www.jdheditions.fr
Pour recevoir l'actualité de nos nouvelles
parutions